カラー版 徹底図解

戦国時代

新星出版社

左から豊臣秀吉、織田信長、徳川家康

◇著者◇

榎本秋
著述業。文芸評論家。主に歴史、文芸に関する原稿を執筆する。著書に『戦国軍師入門』（幻冬舎新書）があり、編著書に『ライトノベル・データーブック』（雑草社）、『はやわかり・ライトノベルファンタジー』（小学館）がある。

編・著	榎本 秋
編集協力	榎本 海月
イラスト	諏訪原 寛幸
本文図解	中尾 雄吉
カバー写真	岡 泰行
扉兜 木彫彩漆	渡部 誠一（http://takochu.com/watanabe/）
デザイン	office ZASSO（川口 岳仁）　テラエンジン（高橋 学）
DTP	東光フォト（関口亜紀子、土屋 香子）
協力	鈴木 統子

※本文中に使用した地図は、現在の地図をもとに、加工を施したものです。海岸線、河川などは当時の位置を正確に表現しておりません。

はじめに

日本史で最も面白い時代はいつだろうか？　この問いに対する答えは人によって様々だろうが、もしアンケートをとるならば間違いなく、一、二を争うであろう時代がある。それが戦国時代――室町幕府の統治が崩壊し、全国各地で戦国大名が争い合った戦乱の時代だ。その戦いの中で、きら星のごとき英雄たちが現れ、彼らによって壮大な合戦が行われた。また、それまで存在しなかった新兵器・鉄砲が登場して戦いのあり方を変えたのもこのときである。

この本では室町時代の末期から江戸時代の始まりまでを扱っている。じつは歴史区分としてはこの本の中盤以降、織田信長《おだのぶなが》が上洛《じょうらく》を果たしたあたりからは、安土桃山時代（もしくは織豊《しょくほう》時代）とし、戦国時代とは分けられることが多い。しかし、実際にはそのあとも各地で戦国大名たちが戦い続けているし、織田信長・豊臣秀吉《とよとみひでよし》・徳川家康《とくがわいえやす》ら三人の天下人を始めとする魅力的な人物も次々と登場して活躍している。そのため本書では、安土桃山時代も含めたうえで戦国時代、とさせていただいた。

この本はその戦国時代を、カラフルな図版とマップによってグッとわかりやすく、一方で戦国大名やこの時代にまつわる様々な知識も得られるように作られている。戦国時代について知るための一助になれば幸いである。

榎本　秋

1章

戦国時代英雄列伝

尾張

織《お》田《だ》信《のぶ》長《なが》

第六天魔王

生没 1534（天文3）〜1582（天正10）

別称 上総介《かずさのすけ》・尾張守《おわりのかみ》・弾正忠《だんじょうのじょう》・右大臣《うだいじん》・吉法師《きちほうし》・三郎《さぶろう》

本拠 尾張那古野城《おわりなごやじょう》→尾張清洲城《おわりきよすじょう》→尾張小牧城《おわりこまきじょう》→美濃岐阜城《みのぎふじょう》→近江安土城《おうみあづちじょう》

戦国時代の改革者、夢半ばで本能寺《ほんのうじ》の炎に消える

「戦国の覇王」「第六天魔王」の異名で知られる第一の天下人。尾張《おわり》の小大名にすぎない生まれながら、その後の活躍は目覚ましいものがある。一族内部の争いに勝ち抜くと、今川義元《いまがわよしもと》の大軍を打ち破り、上洛《じょうらく》して天下に号令をかける。将軍義昭《よしあき》との不和から包囲網を作られるもそれを破り、ついに天下統一まであと一歩へ駆け上ったのである。

先見性に大変優れた人物で、長槍・鉄砲などの新兵器開発や、楽市楽座・南蛮との交流などの新しい政策を積極的に施行して勢力を拡大した。また、それまで戦力であるとともに農民でもあった兵士たちを、城下町に住まわせて専業の兵士にすることでいつでも出兵できる体制を作ってもいた。

一方で敵対者や逆らった相手、従わない部下たちに対して過酷な仕打ちをする人物でもあり、比叡山《ひえいざん》焼き討ちや長島《ながしま》一向一揆の皆殺しなどを行う。その結果、部下の明智光秀《あけちみつひで》に謀反を起こされ、本能寺で死ぬ。彼が行おうとした天下統一と改革は、そのあとを継ぐ者に託された。

尾張

豊臣秀吉《とよとみひでよし》 成り上がり者

名を変え、身分を変え、ついには天下をつかんだ男

平民から小者《こもの》（雑用係）、足軽、武将、大名と名前を変えつつ出世し、関白にまで成り上がった第二の天下人。「人たらしの達人」といわれるほど相手を信用させることがうまかった。武将にふさわしい名前を、といわれたときに先輩格の重臣・柴田《しばた》勝家《かついえ》と丹羽長秀《にわながひで》から字をもらって羽柴秀吉、と名前を作った話などはその真骨頂であろう。しかし、その容姿はあまりパッとせず、通称は「猿」。主君の織田信長《おだのぶなが》からは「禿げ鼠《ねずみ》」ともいわれていた。

信長の生前はその部下として中国地方攻略などで活躍し、本能寺《ほんのうじ》の変で主君が倒れると強行軍で戻って仇の明智光秀《あけちみつひで》を倒した。結果、信長が遺した織田政権の後継者に名乗りをあげ、柴田勝家や徳川家康《とくがわいえやす》といったライバルたちにも勝利する。以後は各地の有力大名たちを次々と臣従させ、ついに天下統一を達成する。だが、晩年は朝鮮出兵に失敗するなど精彩を欠いたまま病没。せっかく築きあげた豊臣政権は、その死後に家康によって倒されてしまった。

生没 1537（天文6）～1598（慶長3）

別称 関白《かんぱく》・太政大臣《だいじょうだいじん》・日吉丸《ひよしまる》・木下藤吉郎《きのしたとうきちろう》・木下秀吉《きのしたひでよし》・羽柴秀吉《はしばひでよし》・平秀吉《たいらひでよし》・藤原秀吉《ふじわらひでよし》

本拠 美濃墨俣城《みのすのまたじょう》→近江長浜城《おうみながはまじょう》→播磨姫路城《はりまひめじじょう》→摂津大坂城《せっつおおさかじょう》→山城聚楽第《やましろじゅらくだい》→山城伏見城《やましろふしみじょう》

＊「別称」部の太字は、一般的に用いられる通称を表す。

三河

徳《とく》川《がわ》家《いえ》康《やす》

忍耐の天下人

生没 1542(天文11)～1616(元和2)

別称 征夷大将軍《せいいたいしょうぐん》・大御所《おおごしょ》・竹千代《たけちよ》・松平元康《まつだいらもとやす》・松平次郎三郎元信《まつだいらじろうさぶろうもとのぶ》・内府《ないふ》

本拠 三河岡崎城《みかわおかざきじょう》→三河浜松城《みかわはままつじょう》→武蔵江戸城《むさしえどじょう》→駿河駿府城《するがすんぷじょう》

人質・臣従……長い苦労の末、その手に天下を

三河《みかわ》の松平氏《まつだいらし》の嫡男として生まれるが、物心ついた頃から今川氏《いまがわし》・織《お》田氏《だし》といった他勢力の人質として過ごした苦労人として有名。耐え続けた末に好機をつかみ、将軍となって江戸《えど》幕府を開いた第三の天下人である。

長い人質時代を経たのち、今川義《いまがわよし》元《もと》が織田信長《おだのぶなが》に敗れたことから独立。信長の同盟者として多くの戦いに参加するが、武田信玄には手痛く敗れ、信長の死後にその子・信雄《のぶかつ》を擁して天下を狙うも秀吉《ひでよし》に妨害されるなど、苦汁をなめることが多かった。しかし、そのすべてに耐えたからこそ、天下分け目の関ヶ原の戦いの勝利とそのあとの天下があったのだろう。

同盟者や仕える相手に対して愚直なまでに忠実に行動する一面と同時に、秀吉の死後には謀略を駆使して豊臣政権を倒す策略家の一面も持っており、非常に謎めいている。

大坂《おおさか》の陣で豊臣氏を倒した翌年に死んでおり、戦国時代の終わりを象徴する人物である。

美濃

明智《あけち》光秀《みつひで》

信長《のぶなが》を討つ

生没　1528（享禄元）?～1582（天正10）
別称　日向守《ひゅうがのかみ》・十兵衛尉《じゅうべえのじょう》・惟任光秀《これとうみつひで》
本拠　近江坂本城《おうみさかもとじょう》→丹波亀山城《たんばかめやまじょう》

謎に満ちた謀反の末、三日天下に散った悲運の将

織田信長《おだのぶなが》の重臣でありながら、突然主君を裏切って「本能寺《ほんのうじ》の変」を起こし、殺してしまったことであまりにも有名。

一般に美濃国《みののくに》守護《しゅご》土岐《とき》氏《し》の出身とされている。諸国を放浪したのち越前《えちぜん》の朝倉氏《あさくらし》に仕え、そこに身を寄せていた足利義昭《あしかがよしあき》に仕えるようになる。さらに美濃出身という縁から義昭と信長のあいだを取り持ち、信長に仕えるようになった。

諸学に通じて和歌・茶の湯も好む文化人だったうえ、鉄砲術に詳しく軍事・内政両方の手腕に長けた優秀な武将で、信長も彼を寵愛したという。新参ながらすぐに重臣となったことからそれがわかる。

しかし、信長が数多くの障害を排除して天下統一に手をかけようとしていたまさにそのとき、謀反を起こしてしまう。その理由に関しては諸説あり、ハッキリしない。

甲斐

武《たけ》田《だ》信《しん》玄《げん》

甲《か》斐《い》の虎

生没　1521（大永元）～1573（元亀4）
別称　信濃守《しなののかみ》・太郎《たろう》・晴信《はるのぶ》・徳栄軒信玄《とくえいけんしんげん》
本拠　甲斐《かい》躑躅ケ崎館《つつじがさきやかた》

戦国最強軍団を率いた名将も、上洛《じょうらく》の夢はかなわず

甲斐の名門武田氏の当主で、「甲斐の虎」の異名をとった戦国大名。戦国最強と謳《うた》われる武田軍団を率いて大きな勢力を誇り、織田信長《おだのぶなが》さえその実力を恐れたという。一般的に知られている「信玄」という名前は出家後の法名である。

父・信虎《のぶとら》とは仲が悪く、機を見て追放すると実権を握る。隣国の信濃《しなの》をめぐって村上義清《むらかみよしきよ》と激しく争い、ここで二度の手痛い敗北を経験したが、配下の活躍もあって義清を破る。義清が越後《えちご》に逃げたのちは、生涯のライバルとなる上杉謙信《うえすぎけんしん》と川中島《かわなかじま》で五度にも渡る戦いを繰り広げつつ、各地に勢力を拡大していく。

晩年、将軍・足利義昭《あしかがよしあき》の要請で信長包囲網に参加し、信長の同盟者である徳川家康《とくがわいえやす》を打ち破って進撃するも、病に倒れる。遺言で「自分の死を三年隠し、謙信とは争わず、頼りにするように」と遺《のこ》し、その死を知った謙信もひどく悲しんだという逸話が伝わっている。

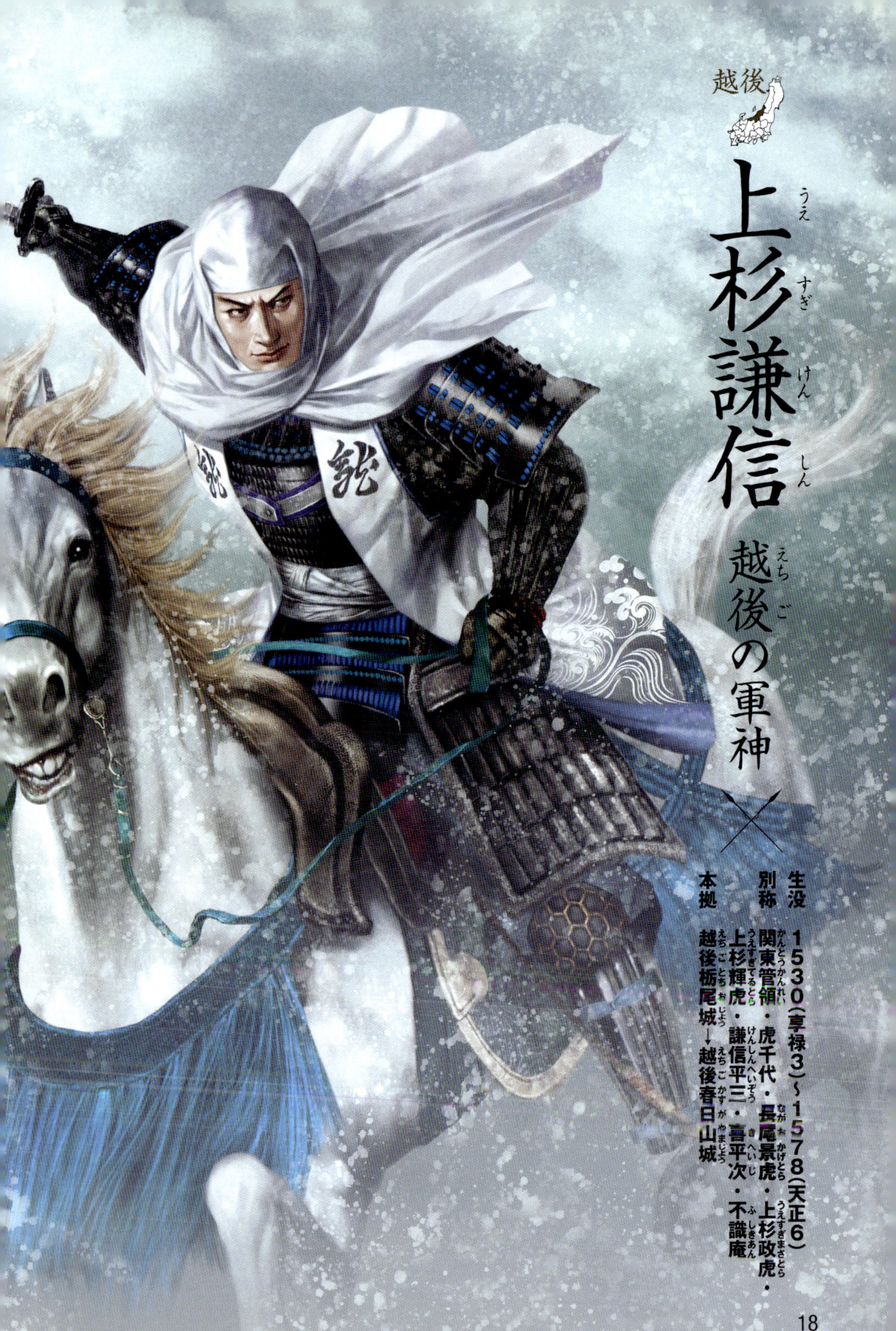

越後

上杉謙信《うえすぎけんしん》

越後《えちご》の軍神

生没 1530(享禄3)～1578(天正6)

別称 関東管領《かんとうかんれい》・虎千代・長尾景虎《ながおかげとら》・上杉政虎《うえすぎまさとら》・上杉輝虎《うえすぎてるとら》・謙信平三《けんしんへいぞう》・喜平次《きへいじ》・不識庵《ふしきあん》

本拠 越後栃尾城《えちごとちおじょう》→越後春日山城《えちごかすがやまじょう》

遠征を繰り返して戦い続けた、毘沙門天《びしゃもんてん》の化身

越後守護代長尾氏《ながおし》の出身。「越後の虎（もしくは龍）」と謳《うた》われた戦国大名であり、戦場における無類の強さから「軍神」の通称でも呼ばれる。「謙信」は法名で、また非常に信心深い人物でもあり、自らを毘沙門天（仏教の神）の化身と信じていたという。

長男ではなかったが、一度当主となった兄から家督を譲られて長尾氏を率い、また北条氏《ほうじょうし》との戦いに敗れた上杉憲政《うえすぎのりまさ》から上杉姓と関東管領《かんとうかんれい》職を譲り受けた。

その生涯においてしばしば遠征を行い、武田信玄《たけだしんげん》・北条氏康《ほうじょううじやす》・織田信長《おだのぶなが》といった同時代を代表する英雄たちと激しく戦い、またときには和平も行った。とくに信玄とは戦国最強の双璧ともされるライバル関係で、川中島《かわなかじま》で何度も戦った。

信玄の死後、将軍の要請もあって織田信長と戦い、手取川《てとりがわ》の戦いで織田軍を破る。しかし上洛《じょうらく》の夢はかなわず、病に倒れた。

備中

北《ほう》条《じょう》早《そう》雲《うん》

関東の梟雄《きょうゆう》

生没　1432（永享4）?～1519（永正16）
別称　伊勢新九郎盛時《いせしんくろうもりとき》・伊勢長氏《いせながうじ》・早雲庵宗瑞《そううんあんそうずい》
本拠　駿河興国寺城《するがこうこくじじょう》→伊豆韮山城《いずにらやまじょう》→相模小田原城《さがみおだわらじょう》

戦国時代の始まりを告げた、後北条一族の始祖

戦国時代序盤に動乱を繰り返していた関東地方に現れ、のちに関東の覇者となる戦国大名北条氏（鎌倉時代の執権・北条氏と区別するために後北条氏ともいう）を築きあげた人物。早雲の登場を戦国時代の始まりとする見方もあるほど、時代を代表する人物のひとりだ。

ちなみに、北条氏を名乗ったのは息子の代からであり、また早雲は法名であることから、実際に「北条早雲」と名乗ったことはない。

早雲の出生と前半生については謎も多いが、妹が名門・今川《いまがわ》氏《し》の正室で、その関係で今川の家臣となったことを考えると、一般に信じられているような素浪人などではなかったようだ。

しかし、一介の家臣の立場から、一国一城の主となり、戦国大名にまで発展してしまった者は戦国時代にも他にはほとんど例がない。軍事面・内政面の双方で優れた才能を発揮し、北条氏の基盤を確立させたときにはすでに八十歳にもなっていたことを考えると、そのバイタリティーは恐ろしいほどである。

安芸

毛利元就《もうりもとなり》

戦国一の謀将

生没 1497（明応6）～1571（元亀2）

別称 陸奥守《むつのかみ》・治部少輔《じぶのしょうゆう》・松寿丸《しょうじゅまる》・少輔次郎《しょうじろう》・大江元就《おおえもとなり》

本拠 安芸吉田郡山城《あきよしだぐんざんじょう》

知略を尽くして大敵を滅ぼし、中国地方の覇権を握る

大大名の思惑に翻弄される小勢力の立場から、ついには中国地方の覇者にまでなってしまった稀代の名将。用意周到な準備によって戦いを有利に展開させ、戦国時代最高の謀将と呼ばれることもある。

　家督を継いだ兄・甥の死を受けて当主となり、大内氏《おおうちし》・尼子氏《あまごし》という中国地方の二大勢力のあいだを渡り歩きながら勢力を高めた。

　最大の転機となったのは大内氏の重臣・陶晴賢《すえはるかた》の謀反に端を発する厳島《いつくしま》の戦いだ。策略を駆使して晴賢の大軍を破った元就は、ついで尼子氏も滅ぼして、一躍中国地方を代表する大名へと成り上がっていったのである。

　織田信長《おだのぶなが》が勢力を拡大していった頃にはすでに老齢であり、まもなく病没したために対決が実現することはなかった。

　しかし、元就が勢力拡大のために他家に養子に出した吉川元春《きっかわもとはる》と小早《こばや》川隆景《かわたかかげ》の通称「両川《りょうせん》」（「三本の矢」の逸話で有名）は、織田軍《おだぐん》の武将である羽柴秀吉《はしばひでよし》と激しく戦うこととなる。

出羽

伊《だ》達《て》政《まさ》宗《むね》

奥《おう》州《しゅう》の独《どく》眼《がん》龍《りゅう》

生没 1567（永禄10）～1636（寛永13）

別称 陸奥守《むつのかみ》・権中納言《ごんちゅうなごん》・梵天丸《ぼんてんまる》・藤次郎《とうじろう》

本拠 出羽米沢城《でわよねざわじょう》→陸奥岩出山城《むついわでやまじょう》→陸奥黒川城《むつくろかわじょう》→陸奥仙台城《むつせんだいじょう》

残された左目で天下をにらみ続けた、奥州の若き龍

東北地方一の勢力を誇った戦国大名であり、「奥州の独眼龍」と呼ばれた。政宗が活躍した時期はすでに天下が豊臣秀吉《とよとみひでよし》の手で統一されようとしていた時期だったため、天下取りにむけて動き出すことはなかったが、「政宗が五年早く生まれていれば歴史は変わっていたかもしれない」とまでいわれる人物である。

幼少の頃の疱瘡《ほうそう》（天然痘《てんねんとう》）により右目の視力を失い、少年期はこれを気にするあまり陰気な性格だった。しかし、成長すると活発な性格となり、若くして伊達氏を継ぐと以後は積極的に周辺を攻撃して勢力を拡大していく。

摺上原《すりあげはら》の戦いで南奥州を制圧したあとは、豊臣秀吉に臣従し、また関《せき》ヶ原《がはら》の戦いでは東軍に味方して上杉《うえすぎ》氏《し》と戦った。

戦国時代が終わったあとも長く生き、家臣をメキシコ・スペインに派遣して独自の貿易ルートを開拓したり、三代将軍家光《いえみつ》の時代には将軍を補佐するご意見番として「天下の副将軍」と呼ばれたりしていた。

信濃

真田幸村《さなだゆきむら》

日本一の兵《つわもの》

生没 1567（永禄10）～1615（慶長20）

別称 左衛門佐《さえもんのすけ》・真田信繁《さなだのぶしげ》・弁丸《べんまる》・源二郎《げんじろう》

本拠 信濃上田城《しなのうえだじょう》→紀州九度山《きしゅうくどやま》

家康《いえやす》を追いつめた勇将、三度の突激の末に散る

戦国時代最後の戦いである大坂《おおさか》の陣で活躍した武将で、その華々しい生と死によって非常に人気の高い人物である。じつは「幸村」という名前もそうして講談や小説などで語られる中で一般的になった名前であり、当時の実際の資料にはまったく登場しない。

武田信玄《たけだしんげん》に仕えた謀将・真田昌幸《さなだまさゆき》の次男で、関ヶ原《せきがはら》の戦いの際には徳《とく》川秀忠《がわひでただ》率いる東軍の別働隊を父とともに上田城《うえだじょう》で迎え撃つ。秀忠の大軍を見事に足止めし、真田の武名を天下に広めた。ただ、このときはあくまで「昌幸の子」として見られ、幸村自身は評価されなかったようだ。

関ヶ原ののち、紀州九度山《きしゅうくどやま》に押し込められていた幸村は、大坂冬の陣の際に大坂城に駆けつけ、幕府軍相手におおいに奮戦する。さらに翌年の夏の陣でも、幕府の陰謀によって大坂城の堀を埋められてしまった状態でよく戦い抜いて家康を脅かすが、ついに力尽きて討ち死にした。その姿は「真田日本一の兵」と称えられたという。

ミニ知識

武士たちの真実

戦国時代について理解していく中で障害となるのは、時代劇などで目にした武士のイメージと、実際の彼らの姿が少なからず食い違っている点だ。

そこで、このコラムでは戦国時代における彼らがどのような立ち位置のどのような存在だったのかについて簡単に触れてみよう。

一番大きな違いは、じつはこの時代、武士と農民の境界はのちの江戸時代ほど明確には分かれていないということだろう。普段は農民として畑仕事をしている、半農半兵の者が多くいた。たとえば徳川《とくがわ》家康《いえやす》を支え続けた三河武士《みかわぶし》たちは、主君が今川氏に従属していた貧しい時代、農民同然に農作業に従事していた、という話があるくらい、武士と農民は近しい存在だったのだ。

軍団に所属する兵士のほとんどがそうした普段は農民の者たちであり、そのために合戦は農繁期《のうはんき》を避けた冬などに行われることが多かった。彼らを無理矢理に集めることはできなくもなかったが、そうした無理を通せば民衆の不満が高まり、ついには一揆による反乱などに結びついた。織田信長《おだのぶなが》などは農民と兵士を分離させ、いつでも動かせる常備軍を設立することに成功したが、それはほんのひと握りだったのである。

また、もうひとつよくある勘違いに、「戦国大名は領地内では絶対的君主である」というものがある。じつは、多くの大名はその土地の武士たちの中で頭ひとつ抜け出しているだけの存在にすぎず、トップというよりはリーダーという言葉の方が近い存在だったのだ。そうした土地の実力者は「豪族」もしくは「国人」と呼ばれていた。彼らは小なりとはいえ支配する土地と村や城を持ち、従う部下を持った小さな大名である。

国人たちが大名に従うのはあくまで自分たちの所領を安堵《あんど》してくれて、かつ従い続ければさらに領土を広げられるかもしれないからであり、場合によっては仕える大名を容赦なく裏切った。それは別に恥ずべき裏切りではなく、たとえば毛《もう》利元就《りもとなり》は、もとは国人のひとりにすぎなかったが、大内氏《おおうちし》と尼子氏《あまごし》という二大勢力のあいだを行ったり来たりしつつ、自分の勢力を高めていったのである。

彼ら地付きの武士をどれだけ味方にできるかによって大名たちの明暗が分かれ、大きな合戦に負けた大名が国人に見捨てられてあっという間に滅亡した、というのも珍しい話ではないのだ。

2章

室町幕府の崩壊と戦国大名の登場

1441年（嘉吉《かきつ》元）　赤松《あかまつ》父子が足利義教《あしかがよしのり》を殺害する（嘉吉の乱）
1454年（享徳《きょうとく》3）　鎌倉公方《かまくらくぼう》足利成氏《あしかがなるうじ》が関東管領《かんとうかんれい》を謀殺し、以後十数年に渡り関東で動乱が続く（享徳の乱）
1467年（応仁《おうにん》元）　足利義政《あしかがよしまさ》の後継者騒動から応仁の乱が勃発
1477年（文明《ぶんめい》9）　東軍・西軍が京より撤退し、応仁の乱終結
1487年（長享《ちょうきょう》元）　北条早雲《ほうじょうそううん》、興国寺城《こうこくじじょう》を得る
1488年（長享2）　加賀一向一揆《かがいっこういっき》、守護の富樫氏《とがしし》を倒す
1493年（明応《めいおう》2）　細川政元《ほそかわまさもと》、足利義材《あしかがよしき》を廃する（明応の政変）
1516年（永正《えいしょう》13）　北条早雲、伊豆《いず》・相模《さがみ》二国を支配する
1536年（天文《てんぶん》5）　義元《よしもと》、今川氏《いまがわし》当主となる（花倉《はなくら》の乱《らん》）
1541年（天文10）　武田晴信《たけだはるのぶ》（のちの信玄《しんげん》）、父を追放する
大内氏《おおうちし》についた毛利元就《もうりもとなり》、敵対する尼子氏《あまごし》の大軍を退け名を上げる（吉田郡山城《よしだぐんさんじょう》の戦い）

1542年（天文11）　伊達稙宗《だてたねむね》と子の晴宗《はるむね》が対立する（天文の乱）
1543年（天文12）　種子島《たねがしま》に外国船が流れ着き、鉄砲伝来
1545年（天文14）　北条氏康《ほうじょううじやす》、関東の諸勢力を破る（河越夜戦《かわごえやせん》）
1548年（天文17）　天文の乱、終結。しかし伊達氏は勢力を失う
1549年（天文18）　義元、松平竹千代《まつだいらたけちよ》（のちの徳川家康《とくがわいえやす》）を人質として確保し、三河《みかわ》支配を確実なものとする
1551年（天文20）　織田信長《おだのぶなが》、父の死により家督を継承
1553年（天文22）　信玄、村上義清《むらかみよしきよ》を倒して信濃《しなの》を手にする
1554年（天文23）　今川・武田・北条三氏の甲相駿《こうそうすん》三国同盟締結《ていけつ》
元就、陶晴賢《すえはるかた》を破り勢力を拡大（厳島《いつくしま》の戦い）
1559年（永禄《えいろく》2）　信長、諸勢力を平定して尾張《おわり》を統一する
1560年（永禄3）　長尾景虎《ながおかげとら》（のちの上杉謙信《うえすぎけんしん》）、上杉氏を継承
1561年（永禄4）　信玄と謙信、相争う（第四次川中島《かわなかじま》の戦い）

AD 1428～1441

幕府の衰退

足利義教《あしかがよしのり》、強権を振るう

室町《むろまち》幕府が衰退するきっかけのひとつとなったのが、六代将軍足利義教（１４２８年、就任）の死である。義教は当時すでに失墜していた幕府の権力を回復すべく精力的に活動していた。その目標は斯波《しば》氏、畠山《はたけやま》氏、細川《ほそかわ》氏といった有力守護たちに左右されない将軍親政の確立だった。

義教は各地で発生していた反乱や一揆を撲滅し、さらに有力守護大名の家督相続に干渉して自分の腹心を当主の座に据えることで、中央集権体制の確立を目指した。また、中断していた大陸との貿易を再開するなど、財政体制の見直しも行っている。

嘉吉《かきつ》の乱

しかし、そうした義教の積極的な政治姿勢は、人々に「万人恐怖」というあだ名をつけられるほどに恐れられるようにもなっていた。短気で猜疑心《さいぎしん》が強かったという義教自身の性格もその一因であったろう。

結局、１４４１年（嘉吉元年）に強引な政策に反発した赤松満祐《あかまつみつすけ》・教《のり》康《やす》父子が義教を暗殺し、この政治は崩壊する。満祐・教康はすぐに討たれたものの、この嘉吉の乱と呼ばれる事件によって、一度確立しかかった将軍による中央集権体制は脆《もろ》くも崩壊し、世は戦国の乱世へと向かっていくのである。

豆知識

室町幕府

名前の出来は三代将軍足利義満《よしみつ》が、京都の室町殿《むろまちどの》（通称：花の御所）という建物で政治を行っていたことから。当初から将軍の権力はあまり強くなく、また管領《かんれい》という将軍の補佐役の力もそれほどではなかった。

実質的に幕府を動かしていたのは、有力な守護大名（一国を支配する権限を持った武士）たちであり、連合政権の色合いが強かったのである。そして、その連合が破綻したことが室町幕府の崩壊を招いたのだ。

幕府の衰退

将軍の力を強化しようとした足利義教の死は、幕府衰退の大きなきっかけとなった

当時の室町幕府は有力守護大名たちによって動かされていた

↓

将軍の実権は少なく、お飾り的な部分が大きい

↓

六代将軍足利義教

将軍親政と中央集権構造を目指し、積極的に活動

→ **軍事面** 南朝の残党や一揆などを次々と鎮圧

→ **政治面** 有力守護の跡継ぎに自分の腹心をつける

→ **経済面** 中国との貿易を復活

結果

良い面	↔	悪い面
将軍権力の強化と幕府権威の確立にある程度成功する		強引な政治姿勢と短気で疑い深い性格が、「万人恐怖」と恐れられた

↓

有力守護大名の赤松満祐・教康父子、追いつめられた末に義教を暗殺

→ **嘉吉の乱**

↓

中央集権の夢、破れる

室町幕府の流れ

1333年	鎌倉《かまくら》幕府を倒した後醍醐《ごだいご》天皇、建武《けんむ》の新政を始める
1336年	足利尊氏《あしかがたかうじ》、反乱を起こして後醍醐と戦う
	二人の天皇が登場し、南北朝時代始まる
1338年	足利尊氏、征夷大将軍となって室町幕府を開く
1392年	三代将軍足利義満、南北朝を統一。幕府の全盛期を築く
1467年	応仁《おうにん》の乱が勃発、10年に渡って続く
1492年	明応《めいおう》の政変。幕府の権威は地に落ちる
	戦国時代突入
1573年	足利義昭《よしあき》が京より追放され、実質的に滅ぶ

AD 1454～1478

享《きょう》徳《とく》の乱

上杉憲忠《うえすぎのりただ》の謀殺

京の幕府が衰退していく一方で、関東地方は内乱の火薬庫となりつつあった。周辺の豪族に支持された鎌《かま》倉公方足利成氏《くらくぼうあしかがしげうじ》と、関東管領上杉氏《かんとうかんれいうえすぎし》の対立が激化していたのである。

そして、1454年（享徳3）に成氏が当時の関東管領上杉憲忠を謀殺すると、この対立は一気に内乱へと発展し、享徳の乱が勃発する。両勢力が各地で戦いを繰り広げ、とくに分倍河原《ぶばいがわら》の合戦では双方に多数の死傷者が出たが、戦況としては成氏側が優勢だった。ここにいたって幕府は上杉氏支持に動き、駿河《するが》の今川氏《いまがわし》などに成氏側を攻撃させる。

長年に渡る戦い

本拠地にしていた鎌倉を奪われた成氏は下総国《しもうさのくに》の古河《こが》に入り、古河公《こがく》方《ぼう》と呼ばれるようになった。さらに、当時の将軍足利義政《よしまさ》が弟の政知《まさとも》を成氏に対抗する鎌倉公方として派遣する。しかし、関東の勢力の支持が得られず伊豆国《いずのくに》の堀越《ほりこし》に入り、こちらは堀越公方と呼ばれるようになった。こうして、関東の武士の長であるはずの公方が二人登場したのである。

この内乱は1478年（文明《ぶんめい》10）に上杉氏と成氏が、数年後に幕府と成氏が和睦《わぼく》して終結する。だが、二人の公方と上杉氏のあいだの対立は、のちの関東の動乱へとつながっていく。

豆知識　鎌倉府

室町幕府は関東地方を統治するために鎌倉府を設置していた。初代将軍足利尊氏《あしかがたかうじ》が室町幕府を作りあげたばかりの頃は、弟の直義《ただよし》が関東で政治を行っていた。

しかし、観応《かんのう》の擾乱《じょうらん》という幕府内部の内乱によって直義が死ぬと、尊氏の次男の基氏《もとうじ》が関東に派遣される。そして、足利家の一族が鎌倉府の長官・鎌倉公方として、また上杉氏がそれを補佐する関東管領として、以後の関東の政治を取りしきっていくことになったのである。

享徳の乱

まず火の手は関東地方で上がった。足利一族や有力勢力による戦いは、
やがて下克上の英雄・北条早雲の出現につながる

鎌倉公方・足利成氏

持氏の死後、息子の成氏が鎌倉府を復興する

↓

上杉氏以外の者を重用し、対立姿勢を示す

対立

関東管領・上杉氏

関東管領（鎌倉公方を補佐する役職）の上杉氏は実質的に関東を支配する

↓

争いの末、当時の将軍義教の命令で鎌倉公方・足利持氏《もちうじ》を殺す（永享《えいきょう》の乱）

1454年（享徳3）

成氏、関東管領上杉憲忠を謀殺する（享徳の乱の始まり）

成氏側対上杉氏側の戦いは、当初成氏の優勢で進む

↓ **しかし**

上杉氏側の反撃と幕府の派遣した軍の介入により、長期戦へ

室町幕府

関東の状況が悪化したため駿河の今川氏を出陣させ、さらに将軍の弟・政知を新しい鎌倉公方として関東に送る

本来の拠点の鎌倉を奪われた成氏は下総国古河へ → 古河公方

しかし、政知もまた鎌倉に入れず伊豆国堀越へ → 堀越公方

└→ 関東の代表・鎌倉公方が二人誕生してしまう

10年以上に渡る戦いの末

成氏と上杉氏・幕府それぞれのあいだに和平が結ばれる

↓ **しかし**

関東地方の情勢は不安定なままだった

関東地方勢力図

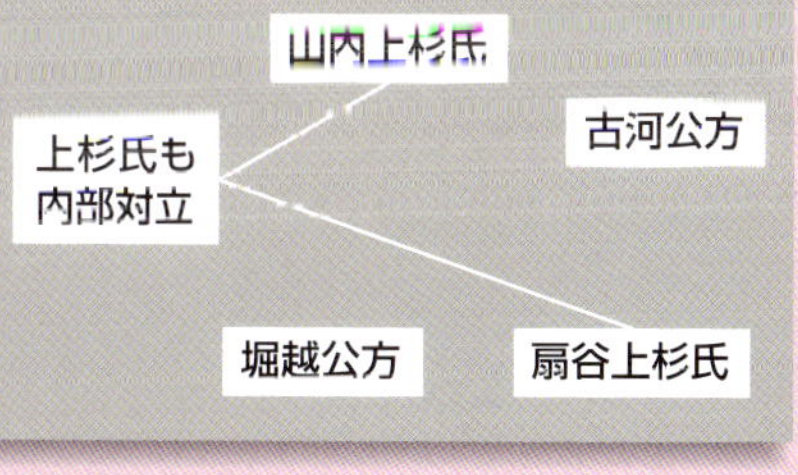

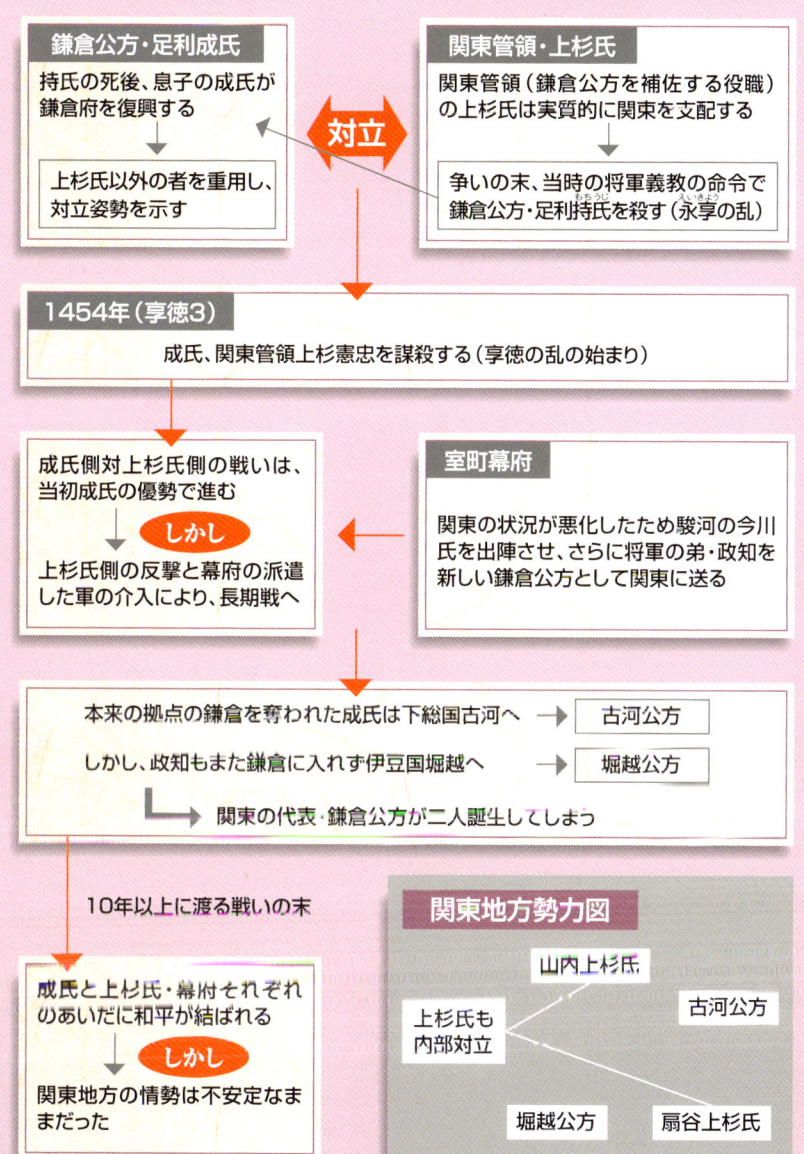

AD 1467～1477

応《おう》仁《にん》の乱

後継者争い

八代将軍足利義政《あしかがよしまさ》の時代、幕政を左右していたのは妻の日野富子《ひのとみこ》や有力守護の細川勝元《ほそかわかつもと》・山名宗全《やまなそうぜん》といった人々だった。義政自身は政治に興味がなく、自分に子供がなかったこともあり弟の義視《よしみ》に将軍の座を譲《ゆず》ろうとする。ところがそのあとに富子が義政の子・義尚《よしひさ》を生んでしまう。

義尚を将軍にしようとする富子は宗全と手を組み、一方の義視は勝元を頼った。さらに有力守護の畠山《はたけやま》家《け》・斯波家《しばけ》が後継者争いによって分裂して双方についたため、細川方の東軍と山名方の西軍が、権力の座を狙って争うことになってしまった。

東西の激突

1467年（応仁元）の上御霊《かみごりょう》の戦いで幕を開けたこの応仁の乱は、京都に始まった戦いが全国に波及していく形で拡大していく。しかも始まった翌年には、当初とは逆に東軍が義尚を、西軍が義視を担ぎあげ、最初とは大義名分が入れ替わってしまう。

小競り合いを中心とした戦いは勝元と宗全の二人が相次いで病死しても続き、1477年（文明《ぶんめい》9）に両軍が京都から撤退してようやく終結する。結果として京都は焼け野原となり、幕府の権威はさらに低下するのだった。

合戦の姿　足軽《あしがる》の登場

足軽が日本史上に登場したのが、この応仁の乱のときだ。彼らは軽装で京の町を歩きまわり、ゲリラ的に敵を攻撃しておおいに活躍する。

その後、時代が戦国時代に突入して各地で集団戦が行われると、足軽の存在は戦争の主役となる。ここでいう足軽は応仁の乱のときのゲリラとは性格が違い、農民と武士を兼任する存在だった。普段は畑を耕し、いざ合戦となると長槍・弓・鉄砲を持ち、胴体を守る鎧を着て、主戦力として戦うのである。

応仁の乱

将軍後継問題、幕府の主導権争いなどなど
様々な事情から始まった戦いが京を焼きつくした

八代将軍足利義政
政治に興味が薄く、文化面に熱心

弟に将軍の座を譲って隠居しようとする

政治は親族らに任せる

足利義視
最初は断るが、義政の説得に負ける
↓
義尚が誕生すると、その話があやうくなる

日野富子
義政の子・義尚を生み、自分の子を次の将軍にしようとする

協力要請

東軍
細川勝元
義視の後見人

協力要請

西軍
山名宗全
富子と手を組む

対立する大大名同士

勝元と宗全の幕府主導権をめぐる争いと、有力守護大名家の後継者争いに火がつき、両者は京を中心に激突する
→ 応仁の乱が勃発（1487年（応仁元））

始まった翌年には開始時とは逆に東軍が義尚を、西軍が義視を擁立。東軍有利ながら、決着はつかない

十年後に両軍が京から撤退して、終結する
↓
京は荒廃し、幕府権力も衰退

中央での戦いの余波を受けて、全国各地で有力武家同士が争った

おもな働きをした人物

山城

足利義政《あしかがよしまさ》

生没 1436（永享8）～1490（延徳2）
別称 征夷大将軍・三春・義成・東山殿・慈照院・桐・道慶
本拠 山城室町御所

室町幕府八代将軍。六代将軍義教《よしのり》の次男で、当初は父・義教の政治を継承しようとしていた。しかし、妻を始めとする周囲の介入を受けて傀儡《かいらい》となり、政治よりも文化・芸術に没頭する。そのために若くして弟・義視《よしみ》に将軍の座を譲ろうとして、応仁の乱の引き金を引いた。

山城

日野富子《ひのとみこ》

生没 1440（永享12）～1496（明応5）
別称 妙善院
本拠 山城室町御所

義政の正室。足利家と深い縁戚関係を持つ日野家の出身。政治に興味の薄い夫の代わりに幕政に深く関与し、一方で京都に関所を作って金儲《もう》けにも励《はげ》んだ。そのために義政が将軍でなくなったあとも大きな影響力を持ち続けたが、庶民からは金儲けに熱中する悪女と見られていた。

細《ほそ》川《かわ》勝《かつ》元《もと》

生没 1430(永享2)〜1473(文明5)
別称 聡明丸・六郎・右京大夫・武蔵守
出身 不明

代々管領《かんれい》を務めてきた三家のひとつ、細川京兆家《ほそかわけいちょうけ》の頭領で、有力守護大名。自身も管領を務めると同時に四ヶ国の守護大名であり、一族全体では八ヶ国の守護だった。山名宗全《やまなそうぜん》は妻の養父だったが、幕政の運営をめぐって激しく対立した。とくに応仁の乱では、義政の弟義視を担《かつ》いで東軍の総大将となり、西軍の総大将の山名宗全と戦った。しかし、乱の最中に宗全のあとを追うように病死してしまう。

山《やま》名《な》宗《そう》全《ぜん》

生没 1404(応永11)〜1473(文明5)
別称 右衛門督・弾正少弼・小次郎・持豊
出身 不明

室町幕府の四職(京都の軍事や刑事を司る侍所《さむらいどころ》の長官を務めた家柄)山名氏の頭領で、有力守護大名。宗全は出家後の法名。山名氏は足利義満に警戒されたことから勢力を後退させていたが、宗全は嘉吉《かきつ》の乱で活躍し、八ヶ国の守護を務めるほどに力を戻していた。幕政の運営を巡って細川勝元と対立し、応仁の乱では西軍の総大将となった。乱がまだ終わらないうちに病死する。

＊「別称」部の太字は、一般的に用いられる通称を表す。

戦国時代の武具・1

鍵槍 かぎやり

槍の柄《え》の蕪巻《かぶらまき》（穂先から垂れる血を押しとめてすべらないようにする）の部分に鉄製のカギをつけたもの。形には色々と種類があるが、図に示した片カギのものが最も多い。突き出たカギで相手を引き倒したり攻撃を受け止めたりする。戦国時代の後期に流行した。

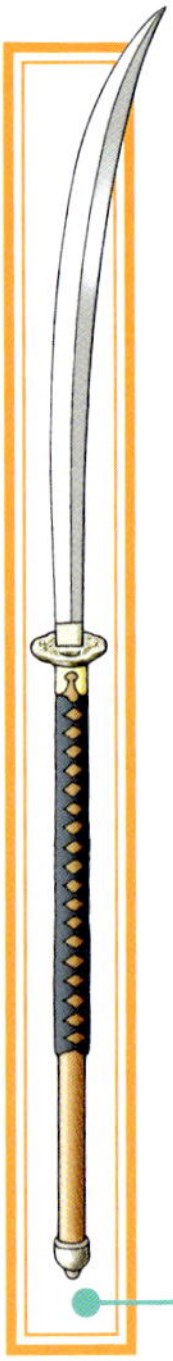

長巻 ながまき

槍と同じ長柄武器だが、むしろ刀に近い存在。刀身が115㎝以上の野《の》太《だ》刀《ち》と呼ばれる刀に長い柄を付け、その柄をなめし革で巻き締めたために長巻という名前がついた。一般的には槍を補助する武器として使われた。

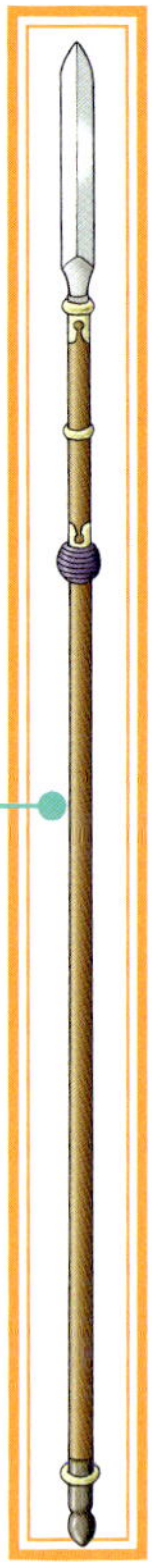

槍（素槍） やり（すやり）

長柄《ながえ》武器の代表的存在。槍には様々な種類があるが、直線形の穂先を一本の棒状の柄につけた素槍が、最も基本的な形である。全長は一般的に2～3mだったが、4～6mのものは「長柄槍」と呼ばれ、大きな威力を発揮した。

管槍 くだやり

戦国時代の中盤頃から登場したとされる柄に短い筒がついた槍。この筒は可動で、槍の穂を繰り出して突き込むスピードを速めている。この管の外側には糸もしくは籐が巻かれており、しっかり握れるようになっている。

白兵武器と弓

ここで紹介するのは、戦場の主役となった白兵武器と、鉄砲の登場までは最も優秀な遠隔攻撃武器だった弓である。

斬《き》っても突いても叩《たた》いても使えた槍、のちに武士の魂と呼ばれるまでになった刀、古くからの武士の象徴だった弓などを並べてみた。

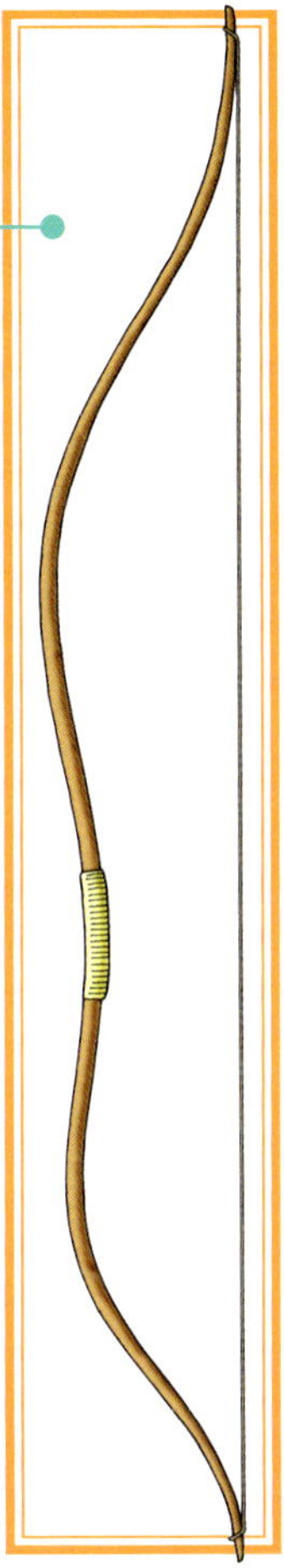

弓
ゆみ

弓は射程の長さと精度において非常に優れた武器であり、古来から武士にとって大変重要な存在だった。日本の弓の特徴は、下が短くて上が長い独特の構造であり、使いこなすための難易度が高い代わりに射程・威力などが優れていた。当時使われていたのは弓胎《ひご》（竹ひご）や木材などを組み合わせて作った合成弓で、現代の弓道で使われるものと同じ構造である。

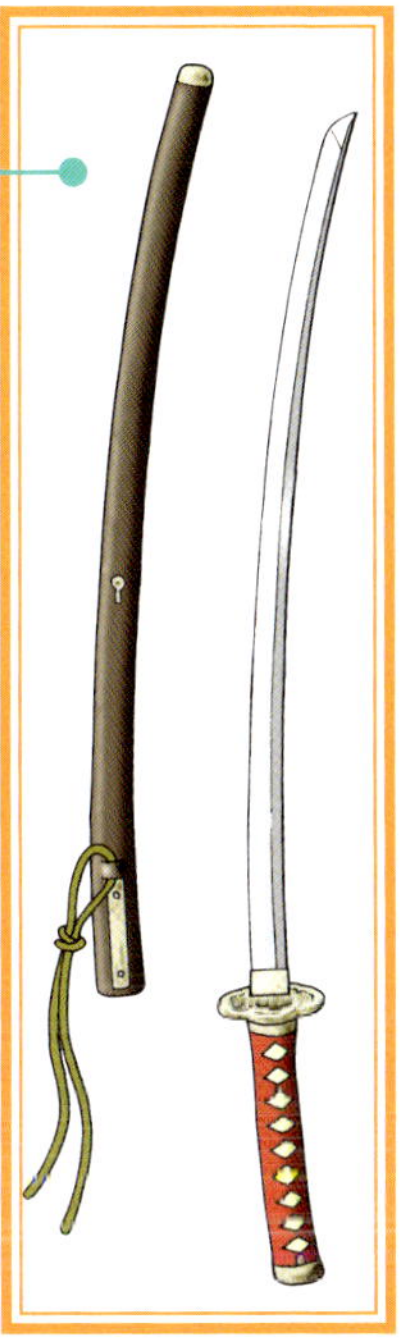

打刀
うちがたな

一般的に刀といった場合、この打刀のことを指す。刀身の長さは60㎝以上で、江戸時代には約70㎝と規定された。鎌倉時代に下級武士のつけていた短い刀がもとになっていて、槍で争ったあとの密集戦のために上級の武士も使うようになった。

脇差
わきざし

刀身の長さが30～60㎝の、短い打刀。鎌倉時代頃から登場し、戦国時代末期になると時代劇でよく見るように打刀と脇差を両方腰に差すことが一般化されるようになった。

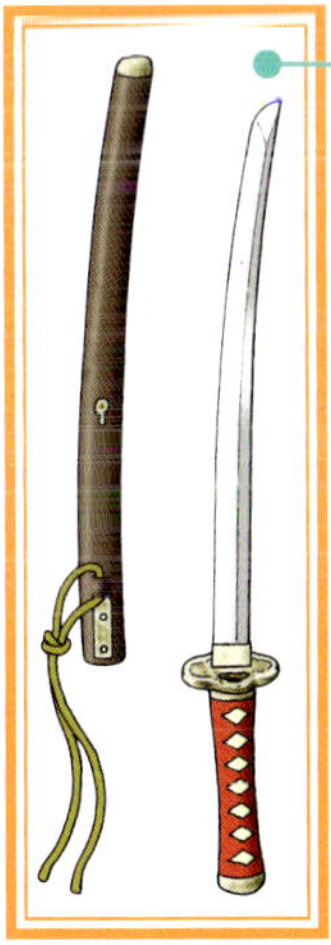

AD 1493

明《めい》応《おう》の政変

将軍廃位

応仁《おうにん》の乱がハッキリとした勝者を出さずに終結したあと、将軍の地位にいたのは足利義尚《あしかがよしひさ》だった。しかし義尚は近江国《おうみのくに》の六角氏《ろっかくし》を討伐している最中に病死し、続いて足利義視《よしみ》の子の義材《よしき》が将軍となる。

ところが、１４９３年（明応２）に将軍権威の確立を目指す義材が畠《はたけ》山氏《やまし》の家督《かとく》争いに介入するために河《かわ》内国《ちのくに》に出陣したとき、事件は起きる。この隙《すき》を突いて細川政元《まさもと》（勝元《かつもと》の子）がクーデターを起こして京都を占領し、義材を廃して足利義澄《よしずみ》を将軍に立ててしまったのだ。これが明応の政変である。

戦国時代の始まり

もともと、戦国時代の始まりは応仁の乱であったとするのが定説だった。しかし、実際には応仁の乱のあともまだ室町幕府の影響力が残っており、室町時代はまだ続いていたと考えられる。

それが完全に崩壊した象徴的な事件が、この明応の政変である。以後将軍は実質的な権力を失い、一方で細川家ものちに内部分裂を起こして、幕府の権威は完全に地に落ちた。各地の守護・豪族は独自の勢力を確立し、互いに争うようになる。こうして室町時代は終わり、戦国時代が始まったのである。

エピソード　その後の室町幕府

明応の政変で幕政の実権をつかんだ細川政元は、将軍を傀儡《かいらい》化して半将軍と呼ばれるほどに室町幕府を支配した。

しかし、家督相続の際に一度後継者に決まっていた養子を廃し、新しい養子を連れてきて、内乱の火種を残した。さらに細川家は政元の孫・晴《はる》元《もと》の時代に配下だった三好長《みよしなが》慶《よし》の下克上によって勢力を大きく失い、以後没落していく。そして、幕府の実権は将軍の手を離れたまま次の者へと渡されていくのである。

明応の政変

細川政元の起こしたクーデターは、室町幕府の影響力を失わせる最後のきっかけとなった

応仁の乱は終結したが、幕府の権威は地に落ちていた

↓

九代将軍足利義尚は出兵を繰り返し、権力確立を目指す

ところが

幕府に逆らう六角氏討伐のために出兵中、病死

代わって →

応仁の乱で京を離れていた足利義視の子・義材が十代将軍に

↓

義材は義尚の方針を受け継いで、各地に出兵する

→ 管領・細川政元らの反感を買う

↓

政元、京でクーデターを起こし、義材に代わって十一代将軍義澄を立てる → **明応の政変**

← 義材、管領家・畠山氏に介入するために京を離れる

↓

結果として政治の実権は完全に将軍の手を離れ、時代は戦国時代へと移り変わっていくことになる

戦国時代の始まり

戦国時代がいつ始まったのかについては諸説がある

1467年・応仁の乱の開始	一般的に信じられてきた説。応仁の乱によって世情は混乱したが、しかし実際には幕府の影響力はまだ残っていたと考えられている
1487年・北条早雲の登場	早雲は「下克上の時代」である戦国時代を代表する人間である、という考え方
1493年・明応の政変	近年、主流となってきた説。この事件の結果として幕府の権力が崩壊し、また実権を握った細川氏も分裂し、のちに力を失って、日本を統一できる者がいなくなってしまったのである

AD 1476頃～1516

北条《ほうじょう》早雲《そううん》の登場

早雲、関東に現る

伊勢新九郎《いせしんくろう》――のちに北条早雲と呼ばれることになる男が関東に現れたのは、応仁《おうにん》の乱が始まった頃だった。彼の妹が駿河《するが》の守護大名今川義忠《いまがわよしただ》に嫁いでいて、その縁で今川氏に仕えることになる。歴史上にその名前が大きく登場するのは、今川氏が後継者問題で分裂しかけたときだ。

内乱の解決に活躍した早雲は、駿河の興国寺城《こうこくじじょう》を与えられて一国一城の主となる。ときに1487年（長享《ちょうきょう》元）、早雲は五十六歳で、隠居していてもおかしくない老人だ。しかし、彼の活躍はむしろここからが本番だったのである。

北条家の発展

堀越公方足利政知《ほりこしくぼうあしかがまさとも》の死後に後継者争いが起き、その長男茶々丸《ちゃちゃまる》が二代目堀越公方を名乗った。早雲はこの政治的混乱に乗じて茶々丸を攻め滅ぼし、見事に伊豆《いず》一国を手に入れることに成功する。

さらに早雲の快進撃は続く。まず、奇策を用いて小田原城《おだわらじょう》を攻め落とす。続いて上杉氏《うえすぎし》の内乱に乗る形で相模《さがみ》に進出して名門の三浦一族を滅ぼし、相模の国を手に入れてしまう。これが1516年（永正《えいしょう》13）、早雲八十五歳のときのことであり、ここにのちに関東を支配する北条一族の地盤は確立されたのである。

エピソード

御由緒家《ごゆいしょけ》

早雲が関東にやってきたとき、そのかたわらに六人の仲間たちがいた。彼らは旅立つときに「最初に誰かが一国一城の主となったら、他の六人はその家臣となって補佐し、主となった者は家臣となった六人を決して見捨てない」という誓いを立てていた。

そして、早雲が興国寺城を手に入れると他の六人は誓約通りに家臣となる。以後、この六人の子孫は御由緒家という、家臣の中でも別格の存在として、北条家を支え続けることになる。

2.伊豆獲り

この頃、堀越公方足利政知が死に、ここでも後継者争いが巻き起こった。嫡子の潤童子《じゅんどうじ》が跡継ぎに決まっていたのだが、異母兄弟の茶々丸によって母親もろとも殺されてしまう。茶々丸はそのまま二代目堀越公方を名乗るが、家臣の支持を得られない。そうこうしているうちに早雲に攻め込まれ、滅ぼされてしまう。この一件は足利氏の一族で堀越公方である茶々丸が、一介の城主にすぎない早雲に国を奪われたため、下克上の代表例のひとつとされてきた。しかし、近年の研究によると、早雲が伊豆を攻めたのは、異母兄弟で十一代将軍となった足利義澄《よしずみ》が、母と兄弟の仇を討つために出した命令によるものだったのではないかともいう。

3.小田原城攻め

一城の主から一国の主となった早雲は、続いて相模国を狙う。この頃、関東の大勢力・上杉氏内部では、実質的な本家だった北関東の山内上杉氏と、勢力を伸ばしていた南関東の扇谷上杉氏が対立していたのである。この隙を突いた早雲はまず小田原城を奇策で落としたという。城主・大森藤頼《おおもりふじより》と親しくなったのち、「勢子《せこ》（狩りの際に獣を追う役割の人足）を領内に入れさせて欲しい」と頼んだ。これを藤頼が許すと、勢子に扮した兵が攻め込んできて小田原城を落としてしまったのだ。早雲はこの城を拠点に相模に侵攻し、門の三浦一族を攻め滅ぼす。

1.今川氏の内乱

のちの北条早雲、伊勢新九郎が頭角を現したのは駿河の名門・今川氏の後継者問題のときである。当主で早雲の妹が嫁いでいた今川《いまがわ》義忠《よしただ》が死んで、その嫡男の龍王丸《たつおうまる》（のちの氏親《うじちか》）派と、義忠の従兄弟の小鹿範満《おじかのりみつ》派で家中が二分され、さらに他の勢力まで干渉してきたのである。早雲は甥の龍王丸のためにこの内乱を調停し、のちに範満が約束を破ると兵を起こして攻め滅ぼした。このときの功績によって興国寺城を与えられ、一国一城の主となる。

続発する一揆

一揆とは？

戦国時代を彩ったのはなにも戦国大名たちばかりではない。地侍・国人と呼ばれる小規模勢力の武士や、農民、仏教信徒といった人々がそれぞれ一致団結し、合議体制を作ることがあった。これが一揆である。

一般に、一揆という言葉には民衆反乱のイメージが強い。実際に室町時代から戦国時代にかけてそうした反乱が数多くあり、統治者たちにとって大きな頭痛の種となった。しかし、一揆という言葉のもともとの意味はこうした人々が作る合議体制のことであり、武力衝突はその結果もたらされたものであるにすぎない。

加賀《かが》一向一揆《いっこういっき》

一揆の中でもとくに大きな影響力を誇ったのが一向一揆だ。浄土真宗《じょうどしんしゅう》の本《ほん》願寺派《がんじは》によって主導され、彼らが一向《いっこう》宗《しゅう》と呼ばれたことからこの名前がついた。

一向一揆は各地で大名たちを苦しめ、中でも1488年（長享《ちょうきょう》2）に加賀で起きた反乱は、当時の守護大名富《と》樫政親《がしまさちか》を倒すにいたる非常に大規模なものだった。以後、加賀一向一揆は富樫の一族の守護としての地位を有名無実化し、加賀一国を支配するようになる。のちの信長《のぶなが》包囲網にも参加する本願寺は、一種の戦国大名であった、とすらいえる存在だったのだ。

豆知識

その後の一揆

徳川家康《とくがわいえやす》の天下統一によって戦国時代が終わると、一揆は江戸幕府によって禁止されるようになる。武士が農民を統治するにあたって、一揆などというものを作られては、はなはだ困るからだ。

結果、キリスト教徒たちの反乱である島原《しまばら》の乱以降は、一揆は強訴《ごうそ》（訴状を領主に出すこと）や逃散《ちょうさん》（村全体で逃げ出してしまうこと）などの形をとっていく。また、幕末の混乱期には打ちこわしなどに表れるようにもなる。

続発する一揆

**戦国時代の主役は戦国大名たちばかりではなかった。
大きな力を持たない民衆や国人たちも、結束すれば大名をも倒したのである**

一揆とはなにか？ → 共通の目標のために連合した人々、もしくはその連合の形のこと

↓

その結果として暴動や反乱が行われ、統治者を悩ませる
↳ときには守護大名を倒してしまうほどに強大化した

おもな一揆の種類

土《ど》一揆	農民たちによる一揆。徳政令（借金の帳消し）を求めたり、自力で借金を取り消そうとしたことから、「徳政一揆」ともいう
国《くに》一揆	国人たちによる一揆。農民たちの集団（惣《そう》）が参加している場合は「惣国一揆」とも
一向一揆	一向宗（浄土真宗本願寺派）の門徒（信者）による一揆

↓

一向一揆は全国各地で起きて戦国大名たちを苦しめた。とくに加賀の国は百年弱ほどのあいだ、一揆に支配された

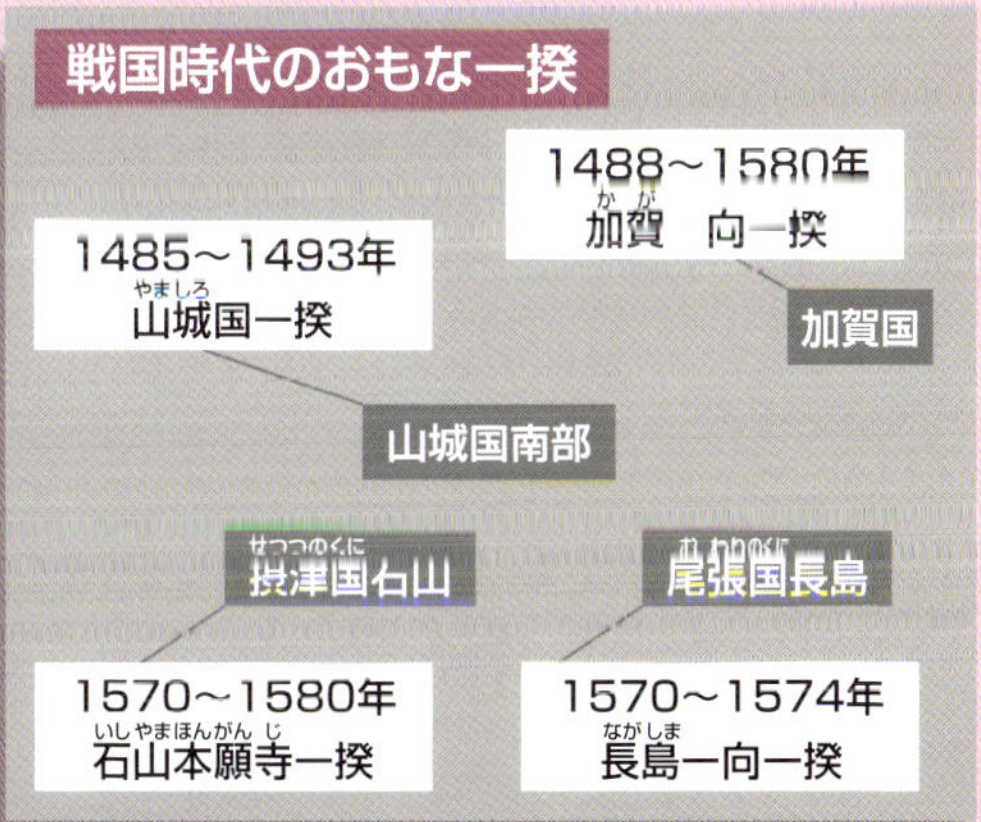

AD 1516頃～1550頃

毛利《もうり》元就《もとなり》の登場

小豪族・毛利氏《もうりし》

のちに中国地方の覇者となる大戦国大名・毛利氏も、毛利元就が当主になった頃は安芸《あき》の一国人で、ごく小規模な勢力だった。そもそも元就は次男で、ひとつの城の城主にすぎない身分であった。しかし、家督を相続した兄・興元《おきもと》が病死してしまったのでその遺児・幸松丸《こうしょうまる》の後見人となり、旧安芸国守護の武田《たけだ》氏などと戦ってその名声を高める。

その後、1523年（大永《たいえい》3）に幸松丸まで病死してしまい、異母弟・元綱《もとつな》と家督争いをすることになるがこれに勝利し、いよいよ元就が毛利氏の当主となったのである。

尼子《あまご》と大内《おおうち》のあいだで

この頃、中国地方は山口《やまぐち》の大内氏と出雲《いずも》の尼子氏が二大勢力となり、多くの小勢力がどちらかについて代理戦争を繰り広げていた。毛利氏は尼子側だったが、家督争いの際に尼子氏の介入を察知した元就は、当主就任後すぐに大内側に鞍替《くらが》えする。

これに怒った尼子氏は大軍で毛利の居城・吉田郡山城《よしだぐんざんじょう》を攻撃するが、元就は大内の援軍の助けも借りてこの戦いに勝利する。その後、元就は有力豪族の吉川氏《きっかわし》と小早川氏《こばやかわし》に二人の息子を養子に出してこれを取り込み、安芸一国を支配する戦国大名へと成り上がっていく。

エピソード

井上《いのうえ》一族

元就が当主になるにあたっては、井上元兼《いのうえもとかね》を始めとする重臣・井上一族の支持があった。彼らは元就の当主就任を後押ししたことから家中で絶大な権力を振るい、さらに横暴な振る舞いが目立つようになる。

そこで元就は1550年（天文《てんぶん》19）に井上一族を処刑し、さらにこれを機に家臣風紀の引き締めをはかった。これは周辺のまとめ役に近かった毛利氏が、強力な支配力を持つ戦国大名になるターニングポイントだった。

毛利元就の登場

名門の大内氏と急成長を遂げた尼子氏が中国地方の覇権を争う中、毛利元就は二強のあいだで立ち回りつつ勢力を蓄えた

出雲・尼子氏

出雲守護・京極氏を補佐する守護代から成り上がった

↓

尼子経久《つねひさ》とその孫・晴久の時代に全盛期を迎える

対立

山口・大内氏

平安時代からの名門。大内義興《よしおき》の時代には上洛を果たし、その子の義隆《よしたか》の頃にも戦国大名として非常に大きな勢力を持っていた

国人・小大名たちはどちらかについて敵方と勢力争いをする

→ その中に、安芸吉田郡山城の毛利氏がいた　**この頃大内方**

↓

毛利元就は当主の次男として生まれ、重臣として活躍　**この頃尼子方**

↓

兄とその遺児の死後、異母弟との家督争いの末、当主に

↓

当主就任を機に尼子と決別。尼子氏が吉田郡山城を攻撃する→撃退　**この頃大内方**

↓

周辺の国人・小大名を取り込みながら成長していく

中国地方歴史略年表（吉田郡山城の戦いまで）

1470年代後半	名門・大内氏、勢力を拡大して戦国大名化していく
1488年	尼子経久、一度は追放されながらも出雲を統一することに成功
尼子氏と大内氏、中国の覇権を競う	
1516年	毛利氏、当主興元が死んで子の幸松丸が跡を継ぐ
1523年	幸松丸が死に、元就が毛利氏を継ぐ。弟の元綱と家督争い
1541年	吉田郡山城の戦い

AD 1487～1560頃

今《いま》川《がわ》氏《し》の台頭

花倉《はなくら》の乱

駿河《するが》の今川氏は足利《あしかが》一族中でも名門中の名門武家で、足利家が断絶したとき、場合によっては将軍継承順位すら発生するほどだった。その今川氏を戦国大名にまで発展させたのが、北条早雲《ほうじょうそううん》の甥、今川氏親《うじちか》だ。氏親の功績としては、遠江《とおとうみ》を攻め取ったことと、さらに「今川仮名目録《いまがわかなもくろく》」という独自の法律（分国法）を制定したことがある。

その氏親の五男が今川義元《よしもと》だ。出家させられていた義元は、家督《かとく》を継いでいた兄の死をきっかけに1536年（天文《てんぶん》5）、「花倉の乱」と呼ばれる後継者争いに巻き込まれる。

勢力の拡大

母や学問の師・太原雪斎《たいげんせっさい》の助けで異母兄との争いに勝利し、家督を継承したあと、義元は軍事・外交の両面で周辺諸大名と渡り合い、勢力を拡大していく。北に対しては甲斐《かい》の武田信虎《たけだのぶとら》の娘を妻に迎え、武田氏と手を結ぶ。これによって東の北条氏との関係が悪化すると、何度か合戦を行ってその攻撃を退けた。

さらに西の三河《みかわ》・松平氏《まつだいらし》を恭順させて勢力下に組み込み、駿河・遠江・三河《みかわ》の三ケ国にまたがる大勢力を築きあげてみせた。これが天下に最も近いとされた戦国時代における今川氏の最盛期である。

豆知識

「海道《かいどう》一の弓取り」

この称号は徳川家康《とくがわいえやす》のものとして有名だが、じつは家康の前に義元がこの名で呼ばれていた。では、これはどういう意味なのだろうか？

海道とは東海道《とうかいどう》——伊賀《いが》から常陸《ひたち》にかけての太平洋沿い（現在の三重県から茨城県あたり）の地域のこと。そして、弓取りとは弓を持つ者——武将のこと。つまり、海道一の弓取りとは東海道で一番の武将という意味なのである。この名から、義元が築いた名声の巨大さがわかるだろう。

2.三国同盟

まず、義元は甲斐の武田信虎の娘と結婚して武田氏との友好関係を作る。これによってもともと関係が良好だった相模《さがみ》の北条氏と対立することになるが、敗北を経験しつつも互角に戦う。のちに雪斎の尽力によって北条氏との関係も復活し、1554年（天文23）に嫡男の氏《うじ》真《ざね》と北条氏の三代目・氏康の娘を結婚させた。この以前に今川氏と武田氏、武田氏と北条氏のあいだにも婚姻関係が結ばれており、戦国時代でも珍しい三国同盟が結ばれることとなった。このとき、善徳寺《ぜんとくじ》に今川義元・武田信玄・北条氏康の三人が集まったという伝説が伝わっている。

3.三河の支配

西に向かっては尾張《おわり》の織田信秀《のぶひで》（信長の父）と三河をめぐって激しく対立した。義元は信秀によって圧迫された三河の松平氏を帰順させ、その証として当主松平広忠《ひろただ》の子・竹千代（のちの徳川家康）を人質として送らせるが、護送役の裏切りによって織田側に送られてしまう。しかし、このあとも松平氏は義元に従い、また雪斎が安祥城《あんしょうじょう》の戦いによって信秀の子・信広《のぶひろ》を捕らえ、人質交換によって竹千代を取り戻したことから、今川氏の勢力は駿河・遠江・三河の三国にまたがるものとなった。

1.義元の登場

今川氏親は叔父・北条早雲の力を借りて遠江国を攻め落とし、検地の実施や金山の開発、分国法「今川仮名目録」の制定などで今川氏を発展させた。その後、今川氏の全盛期を築いたのが氏親の五男義元だ。義元は出家して僧になっていたのだが、兄の急死後に異母兄の玄広恵探《げんこうえたん》と後継者争い（花倉の乱）をして、勝利する。このときに大きな力となった学問の師・太原雪斎は、その後も義元の軍師としておおいに活躍していくことになる。

今川氏歴史略年表（三国同盟まで）

鎌倉時代～	今川氏、足利氏の名門として大きな勢力を誇る
1489年	今川氏親、北条早雲の助力によって今川氏当主に
今川氏、勢力を拡大。戦国大名化	
1536年	花倉の乱に勝利した義元、今川氏当主に
さらに勢力を拡大。絶頂期へ	
1549年	安祥城の戦いで松平竹千代を取り戻し、三河支配を確立させる
1554年	甲相駿三国同盟、成立

AD 1541～1553

武田《たけだ》信玄《しんげん》の信濃《しなの》平定

父を追放する

名門・武田氏を戦国大名に脱皮させ、甲斐《かい》一国を支配したのが武田信虎《のぶとら》である。ところが、信虎は長男の晴信《はるのぶ》ではなく、次男の信繁《のぶしげ》を偏愛していたために、晴信との関係は険悪であった。また、甲斐を手中に収めたあとも北条氏《ほうじょうし》や今川氏《いまがわし》とたびたび合戦を行ったことから、経済状態を悪化させてしまったともいう。

その結果、1541年（天文《てんぶん》10）、信虎は娘婿《むすめむこ》の今川義元《いまがわよしもと》のところに出かけている隙《すき》に晴信にクーデターを起こされてしまう。以後、信虎は今川氏に庇護《ひご》され、晴信が武田家当主となる。彼こそがのちの武田信玄である。

村上義清《むらかみよしきよ》との死闘

家督を相続した信玄は策略によって諏訪《すわ》の地を手に入れると、さらに信濃国《しなののくに》を狙う。その信玄の前に高い壁となって立ちはだかったのが、北信濃に強大な勢力を築いていた村上義清だ。信玄の宿敵といえば越後《えちご》の上杉謙信《うえすぎけんしん》が名高いが、前半生における最大の強敵は間違いなくこの義清だったのである。

信玄は多くの犠牲を出しつつも戦い続け、ようやく1553年（天文22）に義清を打倒し、信濃を手に入れる。しかし、それは新たな強敵——謙信の登場をも意味していたのだった。

エピソード

生涯二度の敗北

義清との戦いの中で、信玄は二度の敗北を経験している。一度目は1548年（天文17）の上田原《うえだはら》の戦いで、ここで信玄は兵力で村上側を上回りながらも敗北し、自身も手ひどい傷を負ってしまう。

二度目は1550年（天文19）の砥石城《といしじょう》（戸石城）攻撃だ。ここでもやはり信玄は敗北を——それも、「砥石崩《といしくず》れ」と称されるような大敗北を経験する。この二度の敗北は、信玄にとって生涯で数少ない敗北となったのだった。

1.父を追放する

武田信虎は甲斐の名門・武田氏を大きく成長させた。しかし、次男の信繁を偏愛して長男・晴信(のちの武田信玄)を疎《うと》み、また外征が多ったことから部下たちの不満が高まっていた。そのために、ついには娘婿の今川義元のところに出かけている隙に、信玄にクーデターを起こされてしまう。こうして追放された信虎が甲斐の国に戻ることはなく、信玄はまず甲斐の支配を完了させると、周辺に手を伸ばす。

2.信玄の謀略

信玄はまず、父追放直後に攻めてきた上原城・諏訪氏の領地に逆に侵攻する。このとき、ちょうど諏訪氏内部では当主の諏《す》訪《わ》頼《より》重《しげ》と一門の高《たか》遠《とう》頼《より》継《つぐ》とのあいだに対立が発生しており、これに目をつけた信玄は、頼継と手を結んで頼重を追いつめて自害させ、さらに領地問題で頼継と対立すると、これも攻めて諏訪氏の領地を完全に手中に収めてしまう。こうして信玄は信濃国侵攻のための基盤を手に入れたのである。

3.信濃での苦戦

信濃制圧のための戦いの中で、信玄は北信濃をめぐって村上義清と激しく争うことになる。とくに、「上田原の戦い」と「砥石(戸石)崩れ」と呼ばれる二度の敗戦は、信玄の生涯の中でも異例の惨敗となった戦いとして知られている。どちらの戦いでも武田勢は村上勢より多くの兵を揃えながら、それぞれ敗れて多くの兵と優秀な武将を失うことになった。しかし、こうした局地的な敗北は信玄の足を止めるとにはならず、ついには信濃制圧と義清の追放を実現した。だが、義清が越後の長《なが》尾《お》景《かげ》虎《とら》(のちの上杉謙信)を頼ったことから、信玄は生涯のライバルとめぐり会うことになる。

武田氏歴史略年表(村上義清追放まで)

鎌倉時代〜	名門武家として大きな勢力を持つ一方で、内乱などに悩む
1510年	武田信虎、甲斐の統一に成功
勢力を拡大する一方で内部不満もつのる	
1541年	信玄、父信虎を追放する
1542年	諏訪氏を倒し、信濃に進出
村上義清に苦戦しつつ、信濃を平定	
1553年	義清、越後へ逃亡する

AD 1545～1546

河《かわ》越《ごえ》夜《や》戦《せん》

旧勢力との対立

初代早雲《そううん》の頃に伊豆《いず》と相模《さがみ》を手に入れた北条氏《ほうじょうし》は、続く二代氏綱《うじつな》が武蔵国《むさしのくに》に進出して関東全域をうかがった。このため、三代氏康《うじやす》の時代になると、もともと関東をめぐって争っていた三つの旧勢力……つまり、上杉《うえすぎ》氏（一族の内部で山内上杉《やまのうちうえすぎ》と扇谷上杉《おうぎがやつうえすぎ》の二家が争っていた）および古河公方《こがくぼう》との戦いが激しさを増すようになった。

そして、北条氏の急速な勢力拡大を恐れた関東旧勢力は、約八万もの連合軍を作りあげると、1545年（天文《てんぶん》14）に北条氏が関東への侵攻のための拠点としていた河越城を攻撃したのである。

氏康の秘策

連合軍の大軍に対し、北条側はかけつけた氏康の軍も約一万一千の小勢にすぎなかった。そこで氏康はまず降伏の使者を送り、これが断られて敵が攻撃してくると、戦わずに兵を退かせた。この結果、連合軍は北条側は怖じ気《おけ》づいていると思い込む。だが、それこそが氏康の策だった。

北条軍は一気に夜襲をかけ、思いも寄らぬ攻撃を受けた連合軍は総崩れとなった。これが「日本三大夜戦」のひとつに数えられる河越夜戦である。このときに扇谷上杉の当主朝定《ともさだ》が死に、また他の勢力も大きく力を失い、以後北条氏が関東の覇者となる。

合戦の姿

夜戦の心得

戦国時代に語られていた夜戦の心得として、以下の四つの場合のいずれかを狙って夜襲を仕掛けるべきだ、と『兵《へい》法一《ほういつ》家言《かげん》』という書物が語っている。

ひとつ、敵がその場所に到着したその日の夜。二つ、一日中合戦を行っていた日の夜。三つ、大風、大雨、降雪の日の夜。四つ、敵方に吉であれ凶であれ普段とは違うなにかが起きた夜。つまり、夜襲の効果を活かすために敵が対応できないときを狙え。ということである。

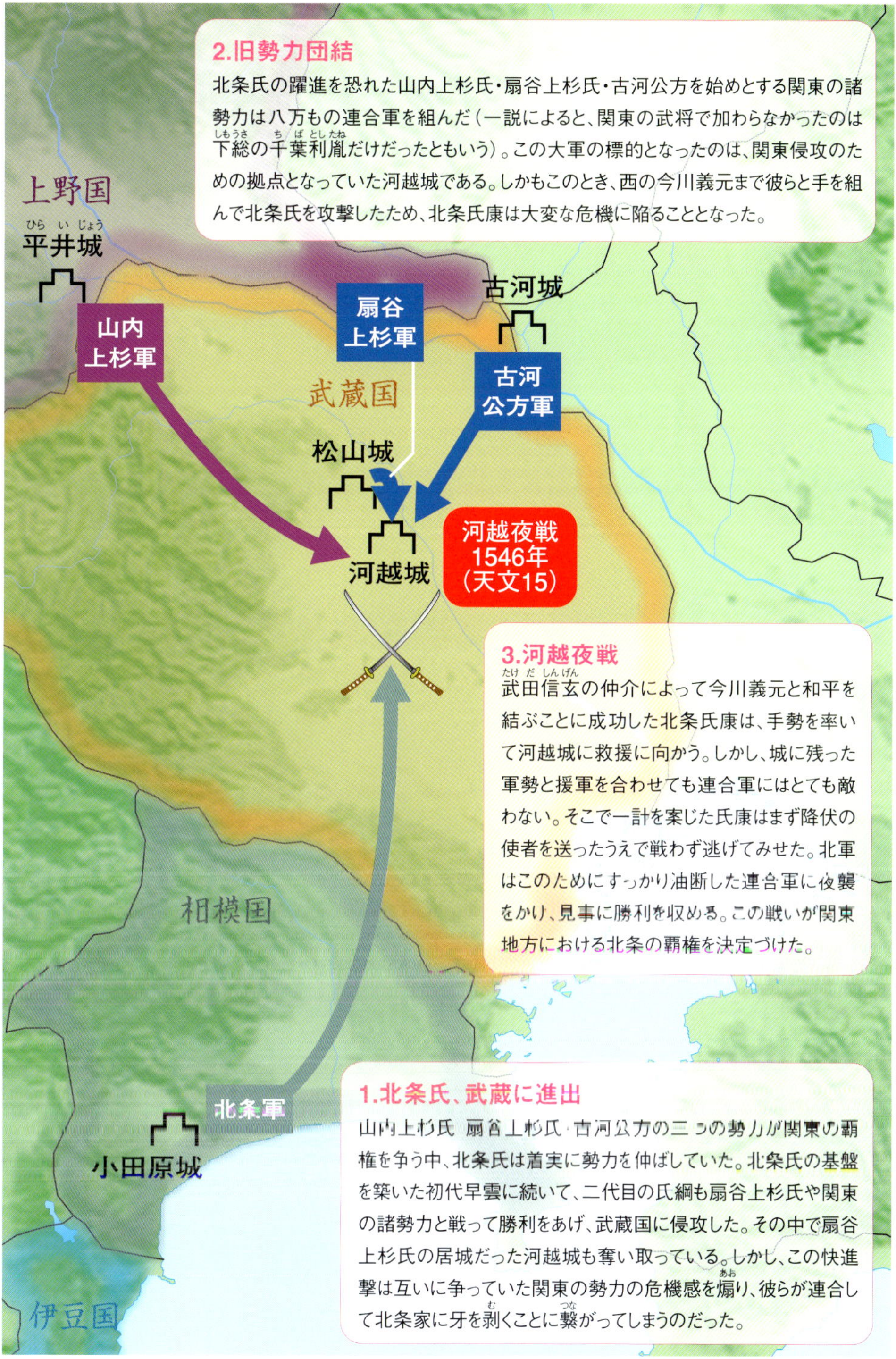

1.北条氏、武蔵に進出

山内上杉氏・扇谷上杉氏・古河公方の三つの勢力が関東の覇権を争う中、北条氏は着実に勢力を伸ばしていた。北条氏の基盤を築いた初代早雲に続いて、二代目の氏綱も扇谷上杉氏や関東の諸勢力と戦って勝利をあげ、武蔵国に侵攻した。その中で扇谷上杉氏の居城だった河越城も奪い取っている。しかし、この快進撃は互いに争っていた関東の勢力の危機感を煽《あお》り、彼らが連合して北条家に牙を剥《む》くことに繋《つな》がってしまうのだった。

2.旧勢力団結

北条氏の躍進を恐れた山内上杉氏・扇谷上杉氏・古河公方を始めとする関東の諸勢力は八万もの連合軍を組んだ（一説によると、関東の武将で加わらなかったのは下総《しもうさ》の千葉利胤《ちばとしたね》だけだったともいう）。この大軍の標的となったのは、関東侵攻のための拠点となっていた河越城である。しかもこのとき、西の今川義元まで彼らと手を組んで北条氏を攻撃したため、北条氏康は大変な危機に陥ることとなった。

3.河越夜戦

武田信玄《たけだしんげん》の仲介によって今川義元と和平を結ぶことに成功した北条氏康は、手勢を率いて河越城に救援に向かう。しかし、城に残った軍勢と援軍を合わせても連合軍にはとても敵わない。そこで一計を案じた氏康はまず降伏の使者を送ったうえで戦わず逃げてみせた。北軍はこのためにすっかり油断した連合軍に夜襲をかけ、見事に勝利を収める。この戦いが関東地方における北条の覇権を決定づけた。

AD 1523頃〜1570頃

伊達《だて》氏《し》の隆盛と一時衰退

天文《てんぶん》の乱

各地で群雄が割拠《かっきょ》する中、東北地方で頭角を現したのは名門・伊達氏の伊達稙宗《だてたねむね》だった。稙宗は十四男七女というたくさんの子供たちを政治的に利用し、周辺勢力に嫁や養子として送り込み、急速に地盤を確立させていった。また、分国法「塵芥集《じんかいしゅう》」を作ったのもその功績である。

ところが、稙宗はこの特徴的な政治姿勢によって足をすくわれることになる。1542年（天文11）に三男の実元《さねもと》を越後上杉氏《えちごうえすぎし》に養子に出そうとしたところ、跡取りの晴宗《はるむね》が反対し、これが父と子による内戦にまで発展してしまったのである。

父と子の争い

伊達氏とその周辺の諸勢力が真っ二つに分かれたこの天文の乱は八年後に晴宗の勝利という形で決着がつき、稙宗は引退を余儀なくされる。この内乱によって伊達氏の支配体制は少なからず揺らいでしまうこととなった。

しかも、勝利した晴宗も晩年になると、自らの跡取りである輝宗《てるむね》との対立を引き起こしてしまう。このときは内乱こそ起きなかったものの、やはり家中を乱してしまう。こうして内部対立を繰り返した伊達氏が、失われた権勢を再確立するのは、輝宗の子・政宗《まさむね》の代である。

豆知識

東北地方の情勢

稙宗と晴宗による天文の乱や、晴宗と輝宗の対立によって伊達氏の勢力が減退すると、その隙を突いて諸勢力が力を蓄えていく。

とくに、一時期伊達氏に臣従していたが、天文の乱をきっかけに独立した最上《もがみ》氏は、伊達と匹敵するほどの力を持つ戦国大名に成長する。他にも、安東《あんどう》氏や南部《なんぶ》氏、蘆名《あしな》氏といった有力な勢力がさらに力を強めていき、のちに伊達政宗と東北の支配権をめぐって激しく争うことになるのである。

伊達氏の隆盛と一時衰退

伊達氏は戦国時代の東北地方で頭ひとつ抜け出るが、
肉親同士の争いによって勢力を衰退させてしまう

鎌倉時代からの名門武家・伊達氏は将軍家との結びつきも強かった➡何人かの当主が将軍の名前一字をもらっている

伊達稙宗

陸奥《むつ》守護となり、奥州探題（陸奥守護の代わりにおかれていた役職）の大崎氏を従え、勢力を伸ばしていく

一六九項目におよぶ最大規模の分国法「塵芥集」の制定

自分の子供たちを外交に積極的に利用し、婚姻・養子政策で大きく勢力を拡大した

ところが

1542年（天文11）

稙宗の子・晴宗がこの政策に反発し、家臣や周辺勢力を二分する内乱になる ➡ **天文の乱**

内乱には晴宗が勝つが、のちに自身も子の輝宗と争うことに
⬇
自ら引退して争いを収める

伊達氏衰退
⬇
最上氏を始めとする有力戦国大名が現れる

東北地方年表
（晴宗の引退まで）

鎌倉時代～	東北地方では、この頃からの名門武家の多くがそのまま戦国大名へと発展
1523年	伊達稙宗、陸奥守護に就任
	稙宗、外交戦略により勢力を拡大
1542年	天文の乱（方針をめぐる伊達氏の内乱）
	伊達氏の勢力が衰退
	伊達氏に臣従していた最上氏、独立。義光の代に大きく勢力を伸ばす
1570年頃	晴宗、子の輝宗との関係が悪化したために引退

AD 1507～1560

上《うえ》杉《すぎ》謙《けん》信《しん》の出現

越《えち》後《ご》守護代長《なが》尾《お》氏《し》

越後国の守護を務めていたのは越後上杉氏《うえすぎし》だったが、次第に守護代の長尾氏と対立していくようになった。そして、ついに長尾為景《ためかげ》が上杉房能《ふさよし》を攻めて自殺させ、下克上を果たしたのである。

しかし、為景は房能の兄で山内上《やまのうちうえ》杉《すぎ》当主の関東管領《かんとうかんれい》・上杉顕定《うえすぎあきさだ》に攻められて敗れ、佐渡《さど》に逃げざるをえなくなったり（その後、再戦して顕定を敗死させている）、越後国内の国人の反乱に手を焼いたりと、越後を平定するにはいたらなかった。それを実現させたのは為景の次男、長尾景《ながおかげ》虎《とら》である。

上杉の家督《かとく》を継承

景虎は当初、父の跡を継いだ兄・晴景《はるかげ》に仕えて軍事面で大きく活躍し、さらに病弱な兄が若くして引退すると、長尾氏の当主となる。

越後国内を平定するとその矛先は国外に向き、関東の北条氏《ほうじょうし》や甲斐《かい》・信濃《しなの》の武田氏《たけだし》と繰り返し合戦を行った。この攻撃に対抗する形で北条・武田・今川の三家が三国同盟を結んだほどである。また、北条氏との戦いに敗れて逃れてきた関東管領の上杉憲政《のりまさ》を受け入れ、のちに憲政の依頼を受けて関東管領職と山内上杉の家督を継承し、さらに出家して上杉謙信と名乗った。

諸説アリ

謙信は女性だった!?

上杉謙信はさすがに戦国時代でも有数の人気を誇る武将だけあって、様々な伝説・逸話・異説が語られている。

その中でもとくに根強く語られているものに、「上杉謙信女性説」がある。その根拠は「毎月10日前後に腹痛を起こしている（＝生理痛を起こしていたのではないか）」、「当時の歌で男もおよばぬ怪力などと歌われている（＝男にこんなことをいうはずはない）」など多岐に渡るが、真相は歴史の向こう側である。

上杉謙信の出現

下克上を果たした父の跡を継いで、軍神は同時代の英雄たちと激しい戦いを繰り返す

越後守護代・長尾為景

守護上杉房能を倒して下克上を果たす

しかし

関東の山内上杉氏との戦いや、国人の反乱に手を焼き、越後統一はかなわなかった

長尾氏年表（謙信の上杉氏継承まで）

鎌倉時代〜	代々、守護代として越後守護上杉氏を補佐する
長尾氏と上杉氏、次第に対立するように	
1507年	為景、上杉氏を倒して下克上《げこくじょう》
1509年	山内上杉氏の攻撃により、為景は佐渡へ逃亡 ▼ 翌年、反攻に転じて越後を取り戻す
1548年	為景の子謙信、兄から家督を譲られる
謙信、越後を統一して他国にも侵攻	
1560年	関東管領職と上杉氏の家督を継承する

為景の次男・景虎（のちの謙信）、家督を継いだ兄を支えて活躍

→ 兄から家督を譲られて当主となると、越後を統一する

越後平定後

北条氏の支配する関東や、武田氏が手を伸ばした信濃に何度も侵攻する

上杉憲政の求めに応じて、上杉氏の家督と関東管領を継承する

北条氏に関東を奪われた関東管領の上杉憲政（山内上杉氏）、謙信に助けを求める

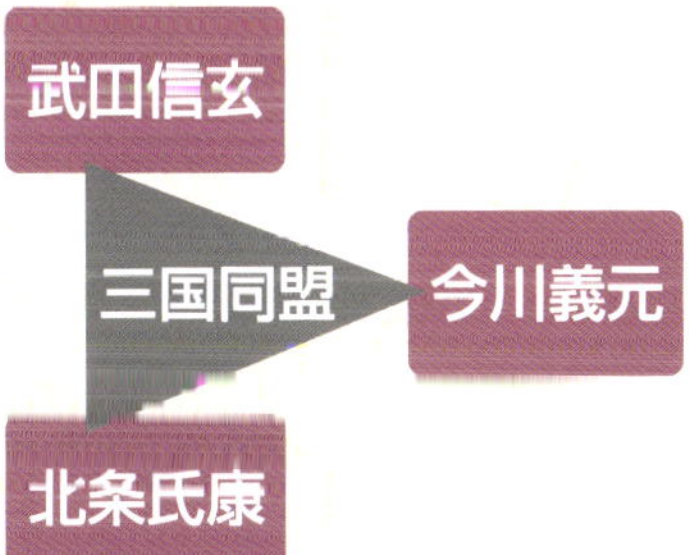

甲相駿三国同盟の理由のひとつは、謙信の攻撃に対抗するためだった

AD 1543~

鉄砲の伝来と普及

種子島《たねがしま》への伝来

1543年（天文《てんぶん》12）、戦国時代を特徴づける、ある事件が起きる（時期については諸説あるが、詳しくはコラムにて）。九州の南に位置する種子島に異国の船が漂着し、乗っていたポルトガル商人から火縄銃――鉄砲がもたらされたのである。

領主・種子島時堯《たねがしまときたか》は商人からその鉄砲を買い取って自ら射撃技術の練習に励む一方、鍛冶屋《かじ》に命じてその製造方法を研究させ、家臣には火薬の調合を学ばせた。さらに時堯はこうして得た知識を広く提供したため、鉄砲は瞬く間に広まり、同時に「種子島」が火縄銃の別名となった。

鉄砲が変えたもの

鉄砲が戦国時代にどれだけの影響を与えたのか、という点についてははっきりとしない。当時の銃は射程距離も短く、雨が降ると撃てず、連射もできない。そのうえ非常に高価だったために数を揃えるのも難しく、問題が多かったのである。

しかし、待ち伏せや城の防衛などに、鉄砲を持った兵を集中して運用するとその効果は絶大であり、とくに織田信長《おだのぶなが》や島津《しまづ》氏などが鉄砲をうまく使ったことで知られている。こうして見てみると、難しい武器・鉄砲の使い方が、戦国大名の生き残りを決めたといえるのかもしれない。

諸説アリ

種子島ではなかった？

本文のように、鉄砲が最初に伝来したのは種子島であった、というのが従来の説だった。

しかし最近は、その後の鉄砲の普及の速度から見ると、実際にはそれ以前から日本に鉄砲が来ていたのではないか、と考えられるようになった。つまり、1543年以前にも、当時東シナ海を暴れまわっていた倭寇《わこう》（海賊）などが窓口となって、同時期に複数箇所に伝来していたのではないか、という説が現在有力となっているのである。

鉄砲の伝来と普及

それまでの合戦の主役は槍や刀・弓だった。
新兵器・鉄砲の登場は戦国時代を代表する出来事のひとつ

1543年（天文12）

種子島に外国船（明船《みんせん》）がたどり着く
↓
二丁の火縄銃が領主・種子島時尭によって買い取られた
↳ 鉄砲を種子島と呼ぶ由来

最近の説

倭寇（日本人の海賊）によって九州各地に持ち込まれていたとも

↓

時尭は自ら射撃術を学び、家臣に火薬の取り扱いを、島の鍛冶屋に鉄砲製造技術を学ばせ、望まれればそれらを教えた

- 紀伊根来寺《きいねごろじ》の僧
  ↳ 関西に鉄砲集団誕生
- 堺の商人たち
  ↳ 堺は鉄砲の一大生産地に
- 将軍に乞われて献上したりも

などなど

↓

新兵器として戦国動乱の日本に鉄砲は広まっていく

長所

威力は絶大で、とくに待ち伏せなどには効果的だった

短所

弱点が多く、使いこなすのが難しかった

AD 1553~1564

川《かわ》中《なか》島《じま》の合戦

武田《たけだ》対上杉《うえすぎ》

武田信玄《たけだしんげん》との信濃《しなの》をめぐる争いに敗れた村上義清《むらかみよしきよ》は、越後《えちご》に逃れて上《うえ》杉謙信《すぎけんしん》を頼った。この願いを聞き入れた謙信が信濃に出兵し、ここに武田対上杉の対決の火蓋《ひぶた》が切られたのだ。

そのおもな戦場となったのが川中島である。ここは二つの川が交わる三角地帯で、交通の要地だった。戦いは回数にして五度、年数にして1553~1564年（天文《てんぶん》22~永禄《えいろく》7）の約十二年に渡って繰り広げられた。ただ、合戦自体は多くの場合小競り合いやにらみ合い、調略合戦などがおもだったようだ。

第四次川中島の合戦

そんな中、激しい戦いとなったのが四度目の戦いである。このとき、妻女山《さいじょさん》に立てこもった上杉軍に対し、武田軍は「啄木鳥《キツツキ》戦法」を試みた。別働隊が迂回《うかい》して敵を山から追い落とし、そこを本隊が待ち伏せて挟み撃ちにしようとしたのである。

ところが、待ちかまえていた武田本隊の前に現れたのは、準備万端の上杉軍だった。謙信は策を見破り、先手を打って攻撃してきたのである。おかげで武田軍は苦戦するが、別働隊の到着まで待ちかまえて改めて挟撃することに成功。結局、戦いは上杉軍の撤退で終了するのだった。

諸説アリ

川中島伝説

第四次川中島の戦いは数々の伝説で彩られた合戦だが、その伝説の多くは真偽が確認できていない。武田側で「啄木鳥戦法」を考案したとされる山本勘助《やまもとかんすけ》は、近年実在がほぼ確認されたものの、本当に信玄の軍師だったかは不明。

一方、上杉側でその「啄木鳥戦法」を見破ったという宇《う》佐美定行《さみさだゆき》は、実在の人物をもとにした架空の軍師とされている。また、信玄と謙信が一騎打ちをしたという話も有名だが、これも事実かどうかは不明だ。

越後国

1.信玄VS謙信

信濃を武田信玄に奪われた村上義清は、越後の上杉謙信（この頃はまだ長尾景虎《ながおかげとら》）に助けを求めた。これに謙信が応えたため、信玄と謙信は十年に渡って五回もの戦いを繰り広げることとなった。その舞台となったのが信濃の川中島（千《ち》曲川《くまがわ》と犀川《さいがわ》とが合流する三角地帯）だったため、総じて「川中島の戦い」と呼ばれるようになった。

春日山城

上杉軍

上杉謙信

信濃国

川中島

2.第四次川中島

戦いの多くは小競り合いや外交戦だったが、第四次川中島の戦いは両軍が激突した熾烈《しれつ》な戦いであった。このとき、妻女山《さいじょさん》に陣取った上杉軍に対し、武田軍は海津城《かいづじょう》に入った。そして、軍師山本勘助の立てた「啄木鳥《キツツキ》の戦法」に従って、別働隊を派遣して妻女山を攻めさせ、信玄は本隊を率いて八幡原《はちまんばら》という場所で待ち受けた。ところが謙信はこの策を見破っており、武田の別働隊より早く妻女山を出て八幡原で武田本隊と激突した。虚を突かれた信玄は謙信と一騎打ちを演じなくてはならないほどに苦戦するが、そこに別働隊が駆け付けたために戦いは引き分けとなった、というのが伝わっている話である。

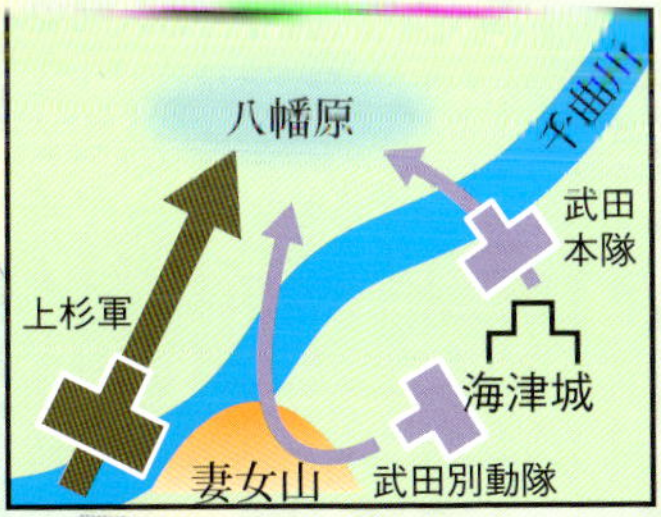

3.戦いの結末

五度に渡る信玄と謙信の戦いは結果として、両者痛み分けという形の結末になった。にらみ合いに終わった第五次川中島の戦いのあとも、信濃は武田氏の領地として残ったため、戦略的には信玄の勝ちという見方もできるが、一方で信玄もまた越後に侵攻することはできなかったのである。二人はこうして最大のライバルとして戦い続けたが、その一方で互いを尊敬してもいたようだ。そのためか、信玄は遺言で息子の勝頼《かつより》に「謙信を頼るように」といい残し、謙信は信玄が死んだ際に「惜しい大将をなくした」と嘆き、「人の落ち目につけ込むのは本意ではない」と信玄死後の甲斐《かい》に攻め込むことを拒否した、という逸話が伝わっている。

武田信玄

甲斐国

武田軍

躑躅《つつじ》ヶ《が》崎館《さきやかた》

おもな働きをした人物

甲斐

馬場《ばば》信春《のぶはる》

生没 1515(永正12)〜1575(天正3)
別称 美濃守・民部少輔・教来石景政・信房
本拠 信濃深志城→信濃牧野島城→三河古宮城→遠江諏訪原城

信虎《のぶとら》・信玄《しんげん》・勝頼《かつより》の武田氏《たけだし》三代に使えた武将。四十年・七十数度に渡って合戦に参加するも、長篠《ながしの》の戦いで戦死するまでただひとつのかすり傷も負わず、そこから「不死身」と呼ばれたと伝わっている。第四次川中島の戦いでは武田軍の別働隊を率いて上杉《うえすぎ》軍の背後を狙った。

越後

柿崎《かきざき》景家《かげいえ》

生没 1513(永正10)?〜1575(天正3)?
別称 和泉守・弥次郎
本拠 越後柿崎城→越後猿毛城

上杉謙信《けんしん》の父の代から仕えた武将。第四次川中島の戦いでは先鋒《せんぽう》を務めるなど軍事面で功績を残す一方で、北《ほう》条《じょう》氏との同盟を成功させて外交面でも活躍した。のちに織田信長《おだのぶなが》に内通したとの罪で処刑されたというが、子の晴家《はるいえ》が処罰されていないことなどから疑問もある。

三河

山本勘助《やまもとかんすけ》

生没 1493（明応2）～1561（永禄4）
別称 源助・晴幸・勘介・道鬼
本拠 甲斐

各地を放浪したのちに武田信玄に仕えた軍師で、築城術や城攻めに詳しかった。第四次川中島の戦いで上杉《うえすぎ》軍を前後から挟撃する「啄木鳥《キツツキ》戦法」を信玄に提案したが、これを上杉謙信に見破られ、さらにこの戦いで戦死してしまったとして有名。だが、勘助が本当に実在したのか、実在したとしても語られるような人物だったのかについては、後世の創作説が根強く、ハッキリしていない。

越後

宇佐美定満《うさみさだみつ》

生没 1489（延徳元）～1564（永禄7）
別称 不明
本拠 越後琵琶島城

上杉謙信に仕えた武将。為景《ためかげ》・謙信二代の越後《えちご》統一に活躍したが、彼自身よりも彼がモデルとなった架空の人物「宇佐美定行《うさみさだゆき》」が有名。この定行は謙信の軍師にして越後流（宇佐神流《うさじんりゅう》）軍学の祖であり、忍者を従えて諜報活動に活躍していたとされる。さらに第四次川中島の戦いにも参加、このときに山本勘助の「啄木鳥《キツツキ》戦法」を見破ったともいうが、これらはすべて後世の創作である。

AD 1554～1555

厳《いつく》島《しま》の合戦

大内《おおうち》の内乱

毛利元就《もうりもとなり》が着実に勢力を蓄えていた頃、主家の大内氏で内乱が起きた。大内義隆《おおうちよしたか》が重臣・陶晴賢《すえはるかた》との確執の末に攻められ、自殺に追い込まれたのである。

元就は当初晴賢に従う姿勢を見せつつ反抗の機会をうかがい続けた。そしてついに1554年（天文《てんぶん》23）、反旗を翻す。翌年に日本三景のひとつにも数えられる神聖な地・厳島で行われた決戦が、「日本三大夜戦」のひとつ、厳島の合戦である。この厳島の地は狭いために陶側の大軍は動きにくく、毛利側の少数の兵でも十分に戦うことができた。

稀代の謀将元就

じつは、厳島を戦場にしたのは元就の謀略の一環だった。他にも陶側の重臣や背後で機をうかがう尼子《あまご》氏の有力武将を失脚させ、さらに村上《むらかみ》水軍《すいぐん》を味方につけるなど、彼は合戦の前に打てる手をすべて打っておいたのである。

晴賢が厳島に上陸させた軍勢は二万。一方、元就が率いていたのは四～五千にすぎなかったが、狭い厳島という地形をよく活かした奇襲攻撃で見事勝利をつかむ。こうして大内の勢力を撃破した元就は続いて尼子氏も滅ぼし、中国地方一の戦国大名となるのである。

エピソード　三本の矢

元就は長男隆元《たかもと》に自分の跡を継がせ、次男元春《もとはる》は吉川《きっかわ》氏に、三男隆景《たかかげ》は小早川《こばやかわ》氏に養子に出した。これは毛利《もうり》氏を磐石《ばんじゃく》にするためだったのだが、その一方で次男・三男が自分の家のことだけを考えてしまう兆候も見えた。

そこで、「一本の矢は折れやすいが、三本の矢は折れにくい」と結束の大切さを教え諭した——というのが、有名な「三本の矢」の逸話であるが、実際にはこれは元就の手紙をもとにした後世の創作であるようだ。

1.大内氏の内乱

大内義隆は強力な戦国大名だったが、尼子氏の月山富田城攻撃に失敗したことから、政治と軍事に対する気力を失って文化面にのみ熱心となった。そのため、大内氏の軍事面を支えていた重臣・陶晴賢（この頃は隆房《たかふさ》）と対立し、文治派の武将を重用するようになった。これに不満をもった晴賢はクーデターを起こして武任を殺し、義隆を自殺に追い込んで、義隆の養子の義長《よしなが》を大内氏当主に擁立する。実権を握った晴賢は強硬な軍備強化を行い、これに対して国内では反発が強くなる。毛利元就は当初、晴賢を支持しながら機会を待ち、石見《いわみ》の吉見《よしみ》正則《まさのり》の反乱を好機と見て対決姿勢を打ち出した。

2.神地の決戦

毛利軍と陶軍の戦力の差はハッキリしていて、さらに後方に尼子氏の脅威も抱えている元就の勝ち目は薄かった。そのために元就は様々な策略・謀略を仕掛けて、少しでも自分が有利になるようにしたのである。この結果、大軍を動かすのには難しい厳島におびき寄せられた晴賢の軍は、小勢毛利軍の奇襲に敗れた。晴賢を打ち破った元就は大内氏を吸収し、のちには尼子氏も攻め滅ぼした。こうしてただの国人にすぎなかった毛利氏が、中国地方の二強を下して覇者と成るに至ったのである。

おもな働きをした人物

周防

陶《すえ》晴《はる》賢《かた》

生没 1521(大永元)～1555(弘治元)
別称 五郎・隆房
本拠 周防富田若松城→周防山口

大内氏《おおうちし》の一族で周防《すおう》守護代を務める陶家に生まれ、自身も優れた武将として大内義隆《おおうちよしたか》を支えて活躍した。義隆が文化面に傾倒すると不仲になり、大内家臣団内部の争いもあって謀反に踏み切る。義隆の養子を立てて大内氏を支配するが、毛利元就《もうりもとなり》に厳島の戦いで敗れ、自害した。

安芸

毛《もう》利《り》隆《たか》元《もと》

生没 1523(大永3)～1563(永禄6)
別称 小輔太郎
本拠 安芸吉田郡山城

毛利元就の長男で、幼少期は大内氏の人質だった。父から家督を譲られるも、優柔不断な性格のせいか、若くして死ぬまで実権は元就が握ったままだったという。しかし、急激に膨張した毛利氏をまとめた縁の下の力持ちとしての評価は高く、内政面の実力は優れていたようだ。

安芸

吉《きっ》川《かわ》元《もと》春《はる》

生没 1530(享禄3)～1586(天正14)
別称 少輔次郎
本拠 安芸小倉山城

毛利元就の次男として生まれ、元就の外交戦略の一環として吉川氏の養子となった。「両川《りょうせん》」と謳《うた》われる弟の隆景とともに毛利氏を支えた猛将。もちろん厳島の戦いでも活躍し、織田氏《おだし》の中国方面軍を率いた羽柴秀吉《はしばひでよし》とも対《たい》峙《じ》した。中国大返しの際には「秀吉に裏切られた」と追撃を主張するも受け入れられなかった。そうしたことから秀吉を嫌っていたようで、翌年には隠居してしまう。

安芸

小《こ》早《ばや》川《かわ》隆《たか》景《かげ》

生没 1533(天文2)～1597(慶長2)
別称 左衛門佐・徳寿丸・又四郎
本拠 安芸竹原城→安芸新高山城→備後三原城→筑前名島城

毛利元就の三男で、兄の元春と同じように外交戦略として小早川氏の養子となった。深慮遠謀《しんりょえんぼう》の知将として知られ、また水軍と縁が深い小早川氏の当主として毛利の水軍を指揮した。羽柴秀吉の中国大返しの際には追撃を主張する兄を止め、それもあって豊臣政権下では甥の輝元《てるもと》とともに五大老の一角を占めた。隆景と兄・元春の「両川」の死後、毛利氏は衰退することになる。

ミニ知識

旧国名と都道府県

旧国名		都道府県
陸奥《むつ》	陸奥《むつ》	青森
	陸中《りくちゅう》	岩手
	陸前《りくぜん》	宮城
	磐城《いわき》	福島
	岩代《いわしろ》	
出羽《でわ》	羽後《うご》	秋田
	羽前《うぜん》	山形
下野《しもつけ》		栃木
上野《こうずけ》		群馬
信濃《しなの》		長野
飛騨《ひだ》		岐阜
美濃《みの》		
近江《おうみ》		滋賀
越後《えちご》		新潟
佐渡《さど》		
越中《えっちゅう》		富山
能登《のと》		石川
加賀《かが》		
越前《えちぜん》		福井
若狭《わかさ》		

旧国名	都道府県
安房《あわ》	千葉
上総《かずさ》	
下総《しもうさ》	
	茨城
常陸《ひたち》	
武蔵《むさし》	埼玉
	東京
相模《さがみ》	神奈川
伊豆《いず》	（東京）静岡
駿河《するが》	
遠江《とおとうみ》	
甲斐《かい》	山梨
三河《みかわ》	愛知
尾張《おわり》	
志摩《しま》	三重
伊勢《いせ》	
伊賀《いが》	
紀伊《きい》	
	和歌山
淡路《あわじ》	兵庫
阿波《あわ》	徳島

旧国名	都道府県
土佐《とさ》	高知
伊予《いよ》	愛媛
讃岐《さぬき》	香川
大和《やまと》	奈良
山城《やましろ》	京都
河内《かわち》	大阪
和泉《いずみ》	
摂津《せっつ》	
	兵庫
但馬《たじま》	
丹波《たんば》	
丹後《たんご》	京都
因幡《いなば》	鳥取
伯耆《ほうき》	
隠岐《おき》	島根
出雲《いずも》	
石見《いわみ》	
播磨《はりま》	兵庫
美作《みまさか》	岡山
備前《びぜん》	
備中《びっちゅう》	

旧国名	都道府県
備後《びんご》	広島
安芸《あき》	
周防《すおう》	山口
長門《ながと》	
筑前《ちくぜん》	福岡
筑後《ちくご》	
豊前《ぶぜん》	
豊後《ぶんご》	大分
肥前《ひぜん》	
	佐賀
	長崎
壱岐《いき》	
対馬《つしま》	
肥後《ひご》	熊本
日向《ひゅうが》	宮崎
大隅《おおすみ》	鹿児島
薩摩《さつま》	

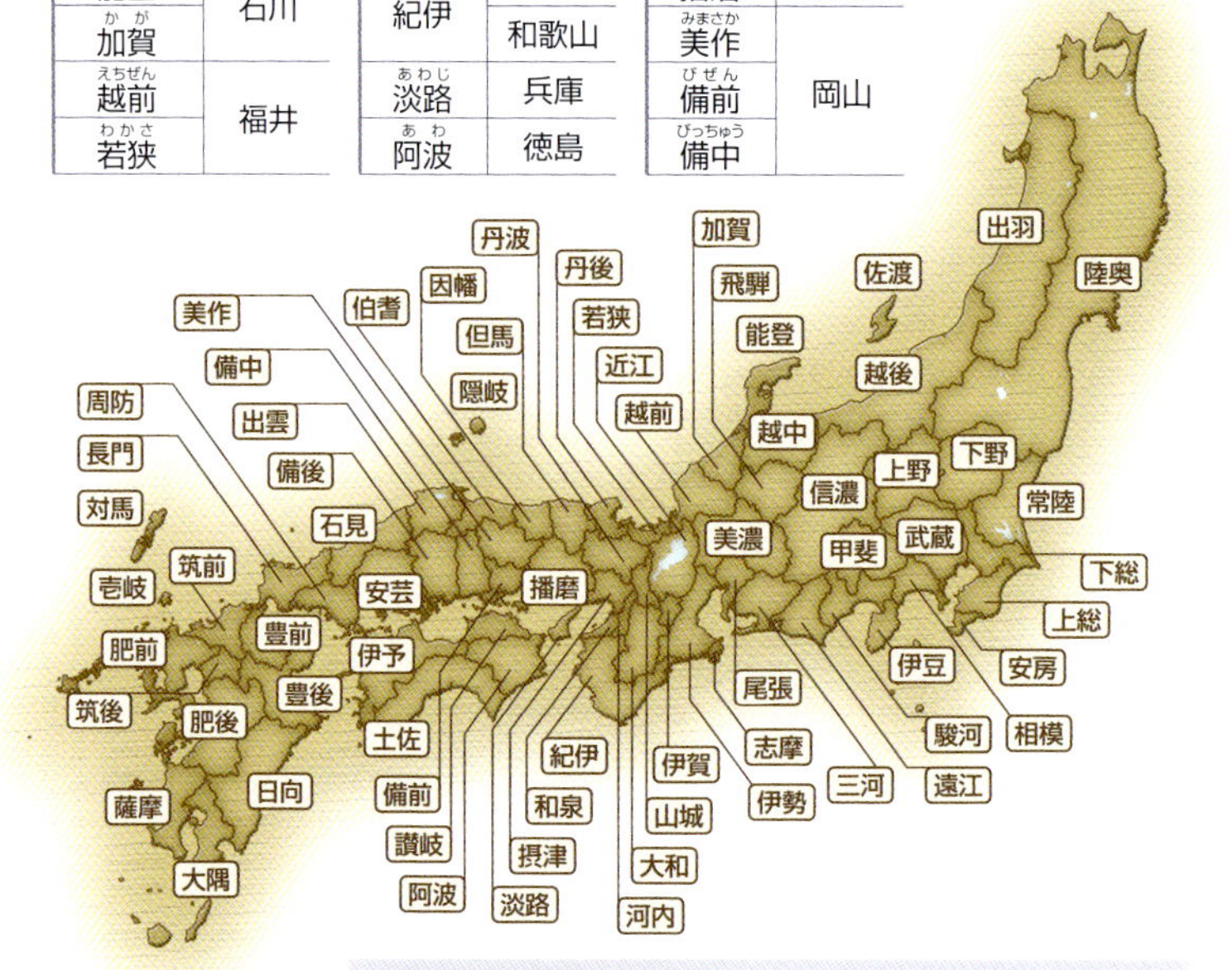

戦国時代に触れていくときに、ひとつの障害となるのが旧国名の存在だ。奈良時代から明治時代初期まで長く使われたこの行政区分は、戦国時代には意味をなくしていたが、地理的な区分としてまだ意味を持っていた。本書でも多数の旧国名が登場する。そこで、この項ではどの旧国名が現在の都道府県でどこに対応するかを図で紹介する。

3章

信長の快進撃と死

1560年（永禄《えいろく》3）　織田信長《おだのぶなが》、今川義元《いまがわよしもと》を破る（桶狭間《おけはざま》の戦い）

1564年（永禄7）　松永久秀《まつながひさひで》、将軍親政を目指す足利義輝《あしかがよしてる》を殺害

1566年（永禄9）　毛利元就《もうりもとなり》、尼子氏《あまごし》を倒して中国地方を制覇

1567年（永禄10）　信長、斎藤龍興《さいとうたつおき》を倒して美濃《みの》を手に入れる

1568年（永禄11）　浅井長政《あさいながまさ》、信長の妹のお市《いち》と婚姻《こんいん》を結ぶ
信長、足利義昭《あしかがよしあき》を保護して上洛《じょうらく》を達成する

1570年（元亀《げんき》元）　信長、朝倉氏《あさくらし》を攻撃するも浅井長政の裏切りにあい、逃げのびる（金ケ崎《かながさき》撤退戦）
織田・徳川《とくがわ》連合軍、姉川《あねがわ》で浅井・朝倉連合軍を破る（姉川の戦い）
本願寺《ほんがんじ》、信長との戦いを宣言（石山《いしやま》合戦）

1571年（元亀2）　織田軍により比叡山《ひえいざん》が焼き討ちされる

1572年（元亀3）　武田信玄《たけだしんげん》、義昭の要請を受けて西へ進軍し、家康《いえやす》を大敗させる（三方ケ原《みかたがはら》の戦い）

1573年（天正《てんしょう》元）　病により信濃に戻った信玄、そのまま病没
信長、義昭を追放する（室町幕府の滅亡）
浅井氏・朝倉氏、ともに信長によって滅亡

1574年（天正2）　信長、長島《ながしま》一向一揆を皆殺しにする

1575年（天正3）　信長、鉄砲により武田軍を破る（長篠の戦い）

1577年（天正5）　上杉謙信《うえすぎけんしん》、織田軍を破る（手取川の戦い）

1578年（天正6）　大友宗麟《おおともそうりん》、島津義久《よしひさ》に大敗する（耳川の戦い）
羽柴秀吉《はしばひでよし》（のちの豊臣秀吉《とよとみひでよし》）、中国侵攻開始
謙信、関東侵攻を計画中に病死

1580年（天正8）　本願寺が信長に降伏し、石山合戦終結

1582年（天正10）　武田勝頼《たけだかつより》が自刃し、武田氏滅亡
明智光秀《あけちみつひで》が謀反し、信長死す（本能寺の変）

AD
~1559

大うつけ・織田《おだ》信長《のぶなが》

尾張《おわり》をめぐる戦い

戦国時代の常識に違《たが》わず、尾張国でも武士たちが自分の勢力を伸ばすために争っていた。三管領《かんれい》家のひとつでもある守護・斯波《しば》氏や、守護代の織田《おだ》氏が、それぞれ内部分裂しつつ尾張の覇権をめぐって戦っていたのである。

そんな中、のちに「第六天魔王」「戦国の覇王」として天下に名をとどろかすことになる織田信長が、1551年（天文《てんぶん》20）に父・信秀《のぶひで》の死によってその跡を継いだ。

信秀は織田氏の庶流でありながら、その知略によって織田本家どころか斯波氏をも上回るほどの勢力を築いた人物である。

弟との対立

一方、その子の信長は若い頃より奇行で知られ、「大うつけ（愚か者のこと）」と悪名が高かったので、家中には信長ではなく弟の信行《のぶゆき》が当主となるべきではないかという声もあった。父の葬儀の際、祭壇《さいだん》に抹香《まっこう》を投げつけたとする逸話は非常に有名である（ただし、これは創作との説あり）。

しかし、当主となった信長は見事な働きを見せる。まず、不穏な動きを見せた弟・信行およびそれを支持する重臣たちを倒し、家中の争いを終結させた。さらに主家にあたる織田本家と斯波氏を滅ぼして、尾張統一をやってのけたのである。

諸説アリ

信長の参謀？

信長は優秀な人材をさら星のごとく抱えていたが、その中には軍師や参謀――相談役的に信長のそばにいたであろう人物が見あたらない。そのため、信長には軍師がおらず、あくまで配下は信長の考えた政策を実行するだけでよいと考えていた、というのが従来の信長像である。

しかし近年、火坂雅志《ほさかまさし》が『沢彦《たくげん》』（小学館）の中で、沢彦という僧こそが信長を教育した人物にして相談役だったとしていて、新たな視点で注目されている。

尾張の大うつけ

傍流で家臣の立場ながら大きく勢力を伸ばした父・織田信秀の跡を継いで、「大うつけ」織田信長が頭角を現す

尾張守護・斯波氏

三管領家の中でも筆頭の名門。室町時代末期から続く内部分裂と他の守護との戦いで大きく衰退

下克上

尾張守護代・織田氏

斯波氏に従って尾張にやってきた一族。斯波氏の衰退に乗じて勢力を伸ばしたが、岩倉《いわくら》織田氏と清洲《きよす》織田氏に分かれて内部抗争もしていた

織田信秀

清洲織田氏の庶流で家臣。

↳主君や斯波氏を圧倒するほどの勢力を築く

← 父の代から商業都市の津島《つしま》を押さえ、その経済力をバックに力を発揮

嫡男の信長が跡を継ぐ。若い頃は評判が悪かったため、当初は反発が強かった

しかし

弟・信行

謀反を企むが鎮圧。のちに再び謀反を計画し、家臣に密告されて謀殺される

織田本家・斯波氏

清洲織田家・岩倉織田家・斯波氏らはすべて信長に倒されてしまう

信長うつけ者伝説

- 奇妙な服装を好み、仲間とともに町を歩きながら餅や柿などを食べた
- 父の葬儀の際、祭壇に抹香を投げつけた
- 後見人の平手政秀は、信長をいさめるために腹を斬った（実際には平手一族内部の争いとも）

などなど・・

信長、父の果たせなかった尾張統一を見事に達成

AD 1560

桶《おけ》狭《はざ》間《ま》の奇襲

今川義元《いまがわよしもと》の脅威

尾張《おわり》を統一してからまもなく、織《お》田《だ》信長《のぶなが》をその人生でも最大級の危機が襲う。１５６０年（永禄《えいろく》３）、駿河《するが》の今川義元が尾張に攻めてきたのだ。義元は当時有数の力を誇っていた戦国大名であり、甲斐《かい》の武田《たけだ》・相模《さがみ》の北《ほう》条《じょう》と三国同盟を結んでいたことから、後ろから攻められる恐れもなかった。その態勢はまさに万全であったといえる。

迫り来る約二万五千の大軍に対して家中の意見もまとまらず、信長も指示を出さない。だがこのとき、信長は奇襲攻撃による逆転を期していた……。

雨中の奇襲

前線の砦《とりで》が攻撃を受けたという報を聞いた信長は、二千の軍勢を率いて出撃する。このとき、義元は桶狭間という地で軍を休ませており、その陣形は縦に長く、本陣周辺の守りは薄かった。おりしも強い雨が降っており、その雨音に紛れる形で、信長は義元の本陣に奇襲をかける。

この攻撃は見事に成功して義元は討ち取られ、桶狭間の戦いは織田の勝利に終わった。強力な当主を失った今川家は衰退し、代わって臣従を強いられていた松平元康《まつだいらもとやす》——後の徳《とく》川家康《がわいえやす》が、信長の同盟者として頭角を現していくことになる。

諸説アリ

桶狭間の真実

この合戦には諸説ある。義元が尾張を攻めたのは一般に信じられている上洛《じょうらく》のためではなく、領土紛争の一環であったとか、戦いが行われたのは桶狭間ではなく田楽狭間《でんがくはざま》という場所であった、などである。

とくに義元の本陣の場所については本当に諸説が入り乱れており、「おけはざま山」という小高い山だったという説もあれば、窪《くぼ》状の盆地だったという説もあり、いまだにハッキリとしていないのである。

1.義元の野望

駿河・遠江・三河の三国を支配する今川義元は、信長の父・信秀の時代から尾張を狙っていた。義元は「最も天下に近い男」とまで謳われる大大名であり、さらに甲斐の武田信玄・相模の北条氏康と甲相駿三国同盟を結んで後方の安全を確保していたのである。万全の準備を整えた義元は、二万五千もの大軍を率いて尾張に侵攻する。

2.信長の賭け

今川の大軍に対して、織田家中の意見はひとつにまとまらず、信長も軍議の席でなにも指示を出すことはなかった。しかし深夜、突如として僅かな手勢だけを引き連れて出陣し、熱田神宮で戦勝を祈願する。主君を追って後続もやってきたが、それでも約二千と今川軍には遠くおよばない。しかし、信長は義元本陣を奇襲することによって一発逆転を狙っていた。

織田信長

3.桶狭間に死す

桶狭間(田楽狭間という場所であったとも)に本陣をおいて休息を取っていた今川軍は、陣形が長くなっていた。信長はおりからの雨に助けられて本陣だけを攻撃することに成功し、(織田軍が迂回して奇襲を仕掛けたのだとも、正面からの攻撃が運よく本陣に当たったのだともいう)義元を討ち取ることに成功する。これによって今川の大軍は敗走し、今川氏も衰退の道をたどった。さらに臣従させられていた松平元康が家康と名を変えて独立し、信長と手を結んで勢力を大きく伸ばしていくことになる。

人間五十年

「人間五十年、下天の内をくらぶれば、夢まぼろしのごとくなり。一度生を得て、滅せぬ者のあるべきか」これは信長が好んで舞った幸若舞《こうわかまい》「敦《あつ》盛《もり》」の一部で、桶狭間の戦いの前にも踊ったことで大変に有名である。信長の革新的な政策と、生き急ぐにも似た人生を象徴するような言葉であり、多くの人に知られている。

AD 1561~1567

美濃《みの》獲《ど》り

美濃の斎藤氏《さいとうし》

尾張《おわり》と隣接する美濃を支配していたのは、斎藤道三《さいとうどうさん》が一代でその勢力を築きあげた斎藤氏である。道三は「蝮《まむし》」の名で恐れられた戦国屈指の梟雄《きょうゆう》のひとりで、「うつけ者」として軽く見られていた信長《のぶなが》を高く評価し、娘の濃姫《のうひめ》を嫁入りさせて同盟を結んでいた。

ところが、その道三は息子の義龍《よしたつ》との確執の末に殺され、織田と斎藤は対立関係になってしまう。義龍は父の血を継いだのか戦上手で、たびたびの信長の攻撃をことごとく打ち破ってつけいる隙を見せない。だが、その義龍が若くして病死し、子の龍《たつ》興《おき》が跡を継ぐと状況は再び変わる。

天下布武《てんかふぶ》

この代替わりを好機と見た信長は、美濃侵攻を決意する。「美濃三人衆」と呼ばれる実力者たちを調略して味方に付け、龍興の本拠地である稲葉山城《いなばやまじょう》を攻め滅ぼしたのである。実際、有能な大名だった義龍と比べて、龍興は人望の点などが劣っていたようで、そのことがこの勝利につながったようだ。

こうして美濃を手に入れた信長は、稲葉山城を故事にちなんで岐阜城《ぎふじょう》と改名し、また「天下布武」という印を使うようになった。この二つはそれぞれ信長が天下統一を目指したことの証明であり、実際に信長はその目標に向けて邁進《まいしん》していくのである。

エピソード

墨俣一夜城《すのまたいちやじょう》

この美濃攻めにおいて活躍したとされるのが木下藤吉郎《きのしたとうきちろう》、のちの豊臣秀吉《とよとみひでよし》である。稲葉山城を攻撃するためには墨俣の地に城を築く必要があったがうまくいかない。

そこで、名乗りを上げた藤吉郎は、あらかじめ組み立てやすいように切り出した木材を川に流し、現地に送る。結果、見事一夜で（もしくは四十七日で）城を造ってしまったというのだ。ただ、これは創作であるらしく、実際にはもともとあった要害を再利用したらしい。

美濃獲り

今川義元を破った織田信長は、宿敵・斎藤義龍の病死をきっかけに
隣国美濃を奪い取り、天下統一を目指す

信長との関係

斎藤道三

通称、「美濃の蝮《まむし》」。名門・土岐《とき》氏《し》を破り、美濃一国を手に入れた下克上の代表的人物

→ 娘（濃姫）を嫁がせる。早くから信長の才覚を評価していた

斎藤義龍

父・道三と対立し、最後には敗死させた人物。親譲りの知略に優れた大名

→ 父と対立する。義父の仇を取ろうとする信長の侵攻を何度も打ち破っている

斎藤龍興

義龍の病死後、跡を継ぐ。家臣・竹中半兵衛に居城・稲葉山城を乗っ取られるなど、人望に薄かったようだ

→ 代替わりを好機と見た信長が侵攻してくる

↓

有力者・美濃三人衆（稲葉一鉄《いなばいってつ》・安藤守就《あんとうもりなり》・氏家卜全《うじいえぼくぜん》）に裏切られた龍興は破れ、斎藤氏は滅亡する

↓

美濃を攻め取った信長は、いよいよ天下獲りを目指して動き出す

天下布武の意味

「天《あめ》の下、武を布《し》く」という言葉のとおり、天下を武によって（武士政権によって）統治する、という意味とされる

AD 1549～1565

将軍をめぐる騒乱

下克上《げこくじょう》に次ぐ下克上

明応《めいおう》の政変のあとに幕府の実権を掌握《しょうあく》していた細川氏《ほそかわし》は、十三代将軍足利義輝《あしかがよしてる》の頃に、家臣・三好長慶《みよしながよし》の下克上で倒された。義輝は地に落ちていた幕府の権威をどうにか復興させようと考えていたために長慶と戦うが、結局敗れる。このとき、将軍殺しの汚名をかぶることを恐れた長慶は義輝を殺さず、あくまで自分の傀儡《かいらい》として利用する。

ところが、今度はその三好氏が家臣の台頭を許す。一族の相次ぐ死に心を痛めた長慶が活力を失うと、代わって重臣の松永久秀《まつながひさひで》が大きな権力を握るようになったのである。

足利義輝の死

傷心のうちに長慶がその生涯を閉じると、久秀はいよいよ大きな力を振るう。一方、長慶の死は義輝にとっての好機でもあった。以前から有力諸大名と交流し、全国各地の抗争の調停を行うなど積極的に活動していたが、いよいよ幕府権力を復活させるべく本格的に活動し始めたのである。

もちろん、この動きは久秀にとって見過ごせないものだった。そこで「三好三人衆」と呼ばれる三好氏の有力者たちとともに謀反を起こすと、二条御《にじょうご》所《しょ》にいた義輝を攻めて敗死させる。かつての主人がやらなかった将軍殺しをやってしまったわけだ。

エピソード

剣客将軍

義輝は将軍権威の復活を目指して懸命に活動したが、もうひとつ彼を有名にしたことがある。それは剣術の腕だ。上泉信綱《かみいずみのぶつな》・塚原卜伝《つかはらぼくでん》という時代を代表する二人の剣豪に教えを受け、その技は達人の境地に達していたという。

そのため、久秀の軍勢に攻められたときは、あらかじめ何本もの刀を畳に刺しておくという準備をしていた。敵を斬って刃こぼれした刀を次々と捨てては取り替え、捨てては取り替えて奮戦したのである。

将軍をめぐる騒乱

下克上の繰り返しの末、松永久秀は将軍殺しに踏み切った

三好長慶

細川氏の重臣だったが勢力を伸ばし、主家の内紛につけ込んで細川晴元《ほそかわはるもと》を倒す

下克上

細川氏

幕府の実権を握る

↓ しかし

家臣の三好氏に取って代わられる

傀儡にする

反発するが敗北

下克上

十三代将軍足利義輝

将軍の権威の復興を目指すが、細川氏と三好氏の対立に巻き込まれ、翻弄《ほんろう》される

京を追放されることが何度もあった

長慶の死

長慶の死を好機と見た義輝、全国諸大名と積極的に交流

→ 対久秀の包囲網を作りあげようと計画

対立

松永久秀

三好氏の重臣で、長慶の失調につけ込んで大きく勢力を伸ばす

1565年（永禄8）

久秀、三好氏の有力者（三好三人衆）と手を組んで謀反を起こし、義輝を攻め滅ぼす → のち、久秀と三人衆は対立

↓

義輝の弟・足利義昭《あしかがよしあき》、逃げのびて権威復活を目指す

戦国時代の武具・2

桶側胴具足
おけがわどうぐそく

当世《とうせい》具足《ぐそく》の基本。胴の部分は鉄の板を連接させている。

仏胴具足
ぶつどうぐそく

胴の表面がなめらかで、継ぎ目のない一枚板でできている。

南蛮胴具足
なんばんどうぐそく

西洋（南蛮）から伝来した鎧《よろい》が、鉄砲に耐える強固な構造から注目された。形を真似《まね》た和製の南蛮胴も存在した。

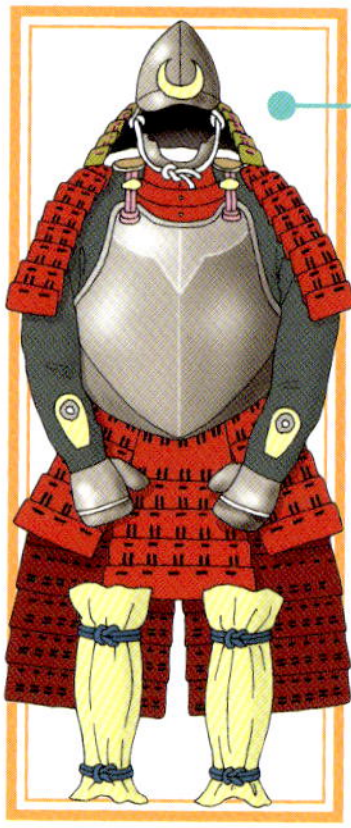

畳胴具足
たたみどうぐそく

鉄の板を連接した鎧。鎖でつないだ部分はかなり自由に動かせて折りたたみ可能なことからこの名前で呼ばれた。

当世具足たち

戦国時代の武士たちが使っていたのがこれらの当世具足と呼ばれる鎧である。「当世」とは現代風、「具足」とは「十分に備わっている」の意味なので、防護機能の充実した現代風の鎧、ということになる。従来からあった大鎧《おおよろい》を、鉄砲の登場などの時代の変化に合わせて改良した鎧である。従来より軽量化して機動性を確保する一方で、鉄砲に対抗するために胴の部分を小さい板の貼り合わせではなく鉄の一枚板に変え、無防備だった顔面に面をかぶるなど、防御力の向上にも配慮されている。

鎧の改良

鎌倉時代の鎧は非常に大きく重い大鎧だったが、南北朝や室町の時代を経て、実用的な軽量の鎧に改良されていった。そして、戦国時代に入って戦い方が変わり、機動力と同時に鉄砲に耐えうる防御力が要求されるようになって、当世具足が誕生したのである。こうした発展には、海外から輸入された南蛮甲冑《かっちゅう》の影響も非常に大きかった。

馬鎧
うまよろい

馬専用の鎧。スッポリと包むことから防御効果は高かったが、馬がすぐ疲れてしまうことからおもに儀礼用に使用した。

兜と面
かぶととめん

頭を守るのは戦う際に最も大事なことである。そのために兜が作られたのだが、日本では独自の兜飾り「立物《たてもの》」が非常に発達した。それぞれ、右上の兜の飾りが前《まえ》立《だ》て、右下の兜の飾りが後《うし》ろ立《だ》て、左上の兜の飾りが横《よこ》立《だ》てである。また、左下は、兜では守れない顔面を守るための面。

AD 1565~1568

信《のぶ》長《なが》、上《じょう》洛《らく》す

足利義昭《あしかがよしあき》との出会い

足利義輝《あしかがよしてる》の死後、弟の義昭は兄の遺志を継いで幕府の再興を目指し、各地の有力大名を訪ねてまわった。だが、義昭の後ろ盾になるほどの力と意志を兼ね備えた大名はなかなかいない。それでも越前《えちぜん》の朝倉義景《あさくらよしかげ》は実力的に申し分ないかと思えたが、決断力に欠ける義景はなかなか重い腰をあげようとしない。

しびれを切らした義昭に対し、この頃朝倉氏に仕えていた美濃《みの》出身の武将・明智光秀《あけちみつひで》がある大名を紹介する。その人物こそが、美濃を制圧していよいよ天下に目を向け始めていた織田信長《おだのぶなが》であった。

信長の躍進《やくしん》

松永久秀《まつながひさひで》らの征伐《せいばつ》と、自分が将軍になるための手助けをしてほしい、という義昭の申し出を快諾《かいだく》した信長は、京都に向けて兵を動かす。進路、立ちはだかった南近江《みなみおうみ》の六角氏《ろっかくし》が敗れると、久秀らはその勢いを見ておとなしく降伏する。

こうして義昭は京に入って十五代将軍となり、将軍の擁護者《ようごしゃ》となった信長は、その権威を最大限に利用して自分の勢力を拡大していったのである。その一方で義昭がすすめた副将軍の地位を断るなど、この頃からすでに信長には将軍家の将来性に見切りをつけていたふしが見られる。

豆知識

上洛の意味

上洛とは京に向かうこと。京が古代中国の都に見立てて「洛陽《らくよう》」と呼ばれていたことからこうした言葉が生まれた。戦国大名たちにとって、上京して将軍を保護し、失われた秩序を回復することには大変な意味があった。

しかし、多くの大名たちが周辺諸勢力との抗争に忙しく、実際に軍を率いての上洛を果たしたのは、周防《すおう》の大内義興《おおうちよしおき》(領国の状況が悪化したことからまもなく帰還する)と、そして信長くらいであった。

1.足利義昭の放浪

京を逃れた足利義昭は、南近江六角氏や若狭武田氏《わかさたけだし》などのもとを訪れ、また甲斐《かい》武田氏・越後上杉氏・薩《さつ》摩島津氏《ましまづし》といった各地の大名に協力要請を出すが、なかなか応える者がいない。その末に越前の朝倉氏を頼るが、朝倉義景は嫡男の死などの凶事に心を痛めていて、なかなか兵を出そうとしなかった。そこで義昭は越前で出会った明智光秀の口利きで織田信長を頼り、その力によってついに京に舞い戻って十五代将軍となることに成功する。

2.信長の思惑

天下統一を目指す信長にとって、義昭の「松平久秀・三好《みよし》三人衆らを倒せ」という要請はまさに渡りに船だった。将軍を助けるという大義名分を掲げて上洛することができれば、幕府の権威を活用し、また朝廷にも接近することができるからだ。かくして兵を挙げた信長は上洛して義昭を将軍にして、その権威を利用する一方で副将軍の地位は断り、代わりに堺・大津・草津という商業都市を自分の直轄地とした。経済面での基盤を作ろうとしていたのである。

3.諸大名の動向

織田軍に対してまず牙を剥いたのは南近江の六角氏だったが敗れ、これを見た松平久秀は降伏して許された。一方、久秀と対立していた三好三人衆は京から落ち延び、のちの信長包囲網の一画として信長と戦うことになる。また、この頃にはすでに浅井長政《あさいながまさ》が信長の妹・お市と結婚しており、これによって織田軍の上洛路が開かれていたのも大きな意味があった。

AD 1570

金《かな》ケ《が》崎《さき》撤《てっ》退《たい》戦《せん》

朝倉《あさくら》攻め

あくまで幕府を自分の天下統一のための道具と考える織田信長《おだのぶなが》と、将軍権威の復活を目指す足利義昭《あしかがよしあき》の関係は、そうときをおかずに悪化してしまう。こうして将軍の名で「信長討つべし」という密書が諸大名に送られると、これに真っ先に応えたのが、かつて義昭を保護していた越前《えちぜん》の朝倉義景《あさくらよしかげ》であった。

一方、信長も義景の動きを察知し、1570年（元亀《げんき》元）四月、大軍を率いて越前を目指す。だが、金ヶ崎城を攻め落とした信長のもとに驚くべき情報が入った。同盟者・近江《おうみ》の浅井《あさい》長政《ながまさ》が裏切ったというのである。

義弟の裏切り

長政は信長の妹のお市《いち》を妻にしていたが、一方で朝倉氏ともまた同盟しており、以前から関係が深かった。そのために浅井と織田が同盟する際には「朝倉とは戦わない」という約束があったくらいだ。しかし、この約束を信長が破ったため、長政は義理の兄を裏切って古い同盟を守らざるを得なかったのだ。

挟撃されることを恐れた信長は即座に軍を退かせ、金ヶ崎の撤退戦が始まった。この戦いで織田軍は多くの兵を失うが、金ヶ崎城に残った木下藤吉郎《きのしたとうきちろう》の奮戦もあってどうにか逃げのびたのだった。

エピソード

袋の中の小豆

この金ヶ崎の撤退戦にまつわる、ひとつの逸話が伝わっている。それによると、金ヶ崎城にいた信長のところに、お市から両端を縛った小豆入りの袋が送られてくる。そして、これを見た信長は隠された意味に気付く。両端が縛られた小豆は挟み撃ちの暗喩《あんゆ》だったのだ。

これにより長政の裏切りに気付いた信長は、九死に一生を得た、というのである。この話自体は真偽が確かではないが、なかなかにドラマチックなエピソードである。

1.将軍と信長

織田信長と足利義昭は、当初非常に友好的な関係にあったが、互いの目的の違いからすぐに対立を始める。軍事力を持たない義昭は諸大名に信長打倒の密書を送り、かつて義昭を保護していた越前の朝倉義景が動き出す。その動きを察知した信長は義景に数度に渡る上洛命令を出し、これに応えないと見ると越前に攻め込んだ。しかし突然の浅井長政の裏切りによってこの攻撃は失敗してしまう。

2.長政の苦悩

近江の浅井長政は信長の妹・お市を妻とする義弟であると同時に、朝倉義景の同盟者でもあった。しかし、信長が長政との「勝手に朝倉氏を攻めない」という約束を破ったため、ついに信長を裏切ることを決意する。このの結果挟み撃ちの窮地に立った信長はあわてて金ヶ崎崎城から京へ、さらに岐阜にまで逃げ込むことになった。

3.決死の撤退

義弟・長政の予想もしない裏切りに追いつめられた信長は、しんがり（撤退する軍の最後に残って追撃を食い止める役割）になった木下藤吉郎（のちの豊臣秀吉）らの活躍によって、どうにか岐阜城に戻ることに成功する。しかし、この中で多くの兵が失われ、また信長自身も鉄砲に狙撃されて傷を負うなど、大変に危険な撤退となってしまった。

AD 1570

姉《あね》川《がわ》の戦い

織《お》田《だ》・徳《とく》川《がわ》対浅《あさ》井《い》・朝《あさ》倉《くら》

浅井長政《あざいながまさ》の裏切りにより手痛い敗北を受けた織田信長《おだのぶなが》は、岐阜《ぎふ》で態勢を整えると1570年（元亀《げんき》元）六月、同盟者の徳川家康《とくがわいえやす》とともに復讐《ふくしゅう》戦に挑む。標的はもちろん裏切り者の長政である。これに対して朝倉義景《あさくらよしかげ》も援軍を送り、織田・徳川連合軍と浅井・朝倉連合軍が、琵琶湖《びわこ》に流れる姉川を挟んで対峙《たいじ》した。

数に勝っていたのは織田側だったが、浅井軍は長政自らが勇敢に槍を振るっておおいに戦う。しかし、先に朝倉軍を破った徳川軍が救援に駆けつけたために浅井軍も崩れ、ついに敗走せざるを得なくなったのである。

浅井・朝倉の滅亡

こうして姉川の戦いは織田・徳川連合軍の勝利に終わったが、浅井・朝倉の両勢力はいまだ健在だった。それどころか、後述する信長包囲網の一員として、その後も信長を悩ませ続ける。

織田軍が朝倉氏の本拠・一乗谷城《いちじょうだにじょう》を落として朝倉義景を、そして浅井氏の本拠・小谷城《おだにじょう》を落として浅井長政をそれぞれ攻め滅ぼすのは、三年後の1573年（天正《てんしょう》元）のことであった。これを喜んだ信長が、義景・長政らの頭骨を漆《うるし》や金で飾って杯として使ったという話が伝わっている。

エピソード

十一段崩し

姉川の戦いにおける浅井軍はじつに勇敢に戦ったのだが、中でも最も活躍したのが磯野《いその》員昌《かずまさ》である。この武将は精鋭部隊を率いて先鋒《せんぽう》を務めたのだが、柴田勝家《しばたかついえ》や木下藤吉郎《きのしたとうきちろう》ら織田軍の武将たちが築いた陣構えを次々と打ち破って前進し、ついには信長の本陣近くにまで攻め寄せた。

このとき、十三段の陣のうち十一段まで打ち破ったことから、「十一段崩し」として伝わっている。ただ、こうした話の常として真偽は定かではない。

3.その後の浅井・朝倉

戦いは信長の勝利に終わり、浅井・朝倉はそれぞれ大きな被害を受けたが、戦いはこれで終わりではなかった。両氏はそれぞれ信長包囲網の一員として戦い続け、信長に苦戦を強いる。信長が浅井・朝倉を攻め滅ぼすのは、姉川の戦いからようやく三年後のことになる。

2.姉川の戦い

戦いは織田軍対浅井軍、徳川対朝倉軍という形で行われた。長政は自ら槍を振るって織田軍おおいに苦しめ、ついには信長本陣にまで迫った。しかし、徳川軍が果敢に川を渡って朝倉軍を破り、援軍にやってきてしまう。これにはさすがの浅井軍も怖《お》じ気《け》づいて、形勢が悪くなった。結局、浅井・朝倉連合軍は小谷城に逃げ込まなくてはならなくなり、姉川の戦いは織田・徳川連合軍の勝利に終わったのである。

1.信長の復讐

浅井長政の裏切りによって大きな被害を受けた織田信長は、戦力の再編成が済むと同盟者の徳川家康とともに浅井氏を攻撃する。堅固な小谷城を攻めあぐねた信長は、周囲の城を落として孤立させる作戦に出る。これに対して長政も城を出て、朝倉氏の援軍（義景自身は来なかった）とともに野戦を挑む。こうして、織田・徳川連合軍対浅井・朝倉連合軍が姉川を挟んで対峙することになったのである。

AD 1570頃

信《のぶ》長《なが》包囲網

将軍との決別

越前《えちぜん》の朝倉氏《あさくらし》討伐《とうばつ》の失敗と、婚姻《こんいん》政策によって信頼できる味方としていたはずの浅井長政《あざいながまさ》の裏切りは、当初蜜月の関係にあった織田信長《おだのぶなが》と将軍足利義昭《あしかがよしあき》の決別を完全に決定づける出来事となった。

信長は浅井・朝倉に復讐《ふくしゅう》戦を挑んで姉川《あねがわ》の戦いに勝利する。しかし、その一方で、義昭はその両氏だけでなく、各地の勢力を味方につけて信長包囲網を構築していたのだった。将軍の呼びかけに応えて、各地の有力大名が次々とこの包囲網に参加した。信長は桶狭間《おけはざま》の戦いに匹敵する危機に追い込まれたのである。

各地の大名たち

戦国最強と名高い甲斐《かい》の武田信玄《たけだしんげん》や、偉大な祖父・元就《もとなり》の跡を継いだ安芸《あき》の毛利輝元《もうりてるもと》、信長に追われて京から逃れていた三好《みよし》三人衆、さらに比叡山延暦寺《ひえいざんえんりゃくじ》に石山本願寺《いしやまほんがんじ》といった寺社勢力までが、義昭の密書に応じて信長に牙を剥《む》く。

信長は摂津《せっつ》で挙兵した三好三人衆を攻めるが、その背後を浅井・朝倉連合軍に突かれる。そこで反撃すると今度は比叡山に逃げ込まれ、さらに一向一揆《いっこういっき》まで信長を脅かす。この頃には絶大な勢力を築きつつあった信長だったが、この包囲網の前には長い苦戦を余儀《よぎ》なくされたのだった。

エピソード

朝倉との和睦《わぼく》？

「第六天魔王」織田信長のイメージからすると意外かもしれないが、じつはこのときに信長と浅井・朝倉連合軍は和睦を結んでいる。追いつめられて進退窮まった信長が正親町《おおぎまち》天皇に仲介を願い、勅命を出してもらってどうにか和睦にこぎつけたのである。

このとき、義景《よしかげ》に対しての手紙で「天下は朝倉殿が持ち給え。我は二度と望みなし」とまで記したとされ、この包囲網によって信長がどれだけ追いつめられていたかがよくわかる。

信長包囲網

将軍の権威を利用して勢力を伸ばした信長は、将軍との対立によって窮地に立つ

十五代将軍足利義昭

将軍権威の復活を目指し、あくまで自分を利用しようとする信長と対立

対立

織田信長

「殿中掟《でんちゅうおきて》」「五箇条の条書」「異見《いけん》十七箇条」を出して、将軍の行動を制限しようとする

信長打倒を要請

おおいに苦しめる

信長包囲網の諸勢力

摂津の三好三人衆を攻撃

↓

浅井・朝倉連合軍が後方を脅かす

↓

比叡山が連合軍をかくまう

↓

一向一揆・本願寺も挙兵

さすがの信長も追いつめられ、和平を結んで窮地《きゅうち》を脱する

その後

包囲網の勢力を次々と撃破していく

摂津

本願寺顕如《ほんがんじけんにょ》

生没 1543（天文12）～1592（文禄元）
別称 光佐
本拠 摂津石山本願寺

浄土《じょうど》真宗本願寺派《しんしゅうほんがんじは》（一向宗《いっこうしゅう》）の教主で、教団の最盛期を築いた。父・証如《しょうにょ》の時代からの一向一揆《いっこういっき》の掌握など、精力的に活動する。信長《のぶなが》包囲網の一員として織田信長《おだのぶなが》と十年に渡る石山戦争を戦うが、劣勢となって降伏。信長の死後は秀吉《ひでよし》と和解して教団再建に尽力した。

安芸

毛利輝元《もうりてるもと》

生没 1553（天文22）～1625（寛永2）
別称 権中納言・幸鶴丸
本拠 安芸吉田郡山城→安芸広島城→長門萩城

毛利元就《もうりもとなり》の孫で、父に代わって毛利氏当主の座を継ぐ。しかし、稀代の謀略家である祖父や、内政面で優れた父と異なり、凡庸《ぼんよう》な人物であった。豊臣《とよとみ》政権五大老のひとりであり、関ヶ原《せきがはら》の合戦で総大将を務めもしたが、結局は輝元の代に毛利氏《もうりし》は領地を大きく減らすことになる。

越前

朝《あさ》倉《くら》義《よし》景《かげ》

生没 1533(天文2)～1573(天正元)
別称 孫次郎・延景
本拠 越前一乗谷城

越前《えちぜん》の名門・朝倉氏《あさくらし》の当主。信長包囲網の一員として戦った。足利義昭《あしかがよしあき》の亡命を受け入れて上洛《じょうらく》を志《こころざ》すも身内の不幸などで意欲を失ってしまったり、金ケ崎《かながさき》撤退戦で岐阜《ぎふ》に逃れた信長を追撃しなかったり、姉川《あねがわ》の合戦において自分は参加せずに一族の者を送ったりと、決断力に欠ける人物であったようだ。実際、朝倉氏は信長の攻撃の前に滅び、義景も自害を余儀なくされるのだった。

近江

浅《あざ》井《い》長《なが》政《まさ》

生没 1545(天文14)～1573(天正元)
別称 備前守・猿夜叉・新九郎・賢政
本拠 近江小谷城

近江《おうみ》浅井氏《あざいし》の当主。織田信長の妹・お市《いち》を妻にしながら、同時に古くからの同盟者である朝倉氏への義理も果たさなければならなかった悲運の将。信長は朝倉氏を攻めても長政が裏切るとは思っていなかったようだ。結局、朝倉義景についた長政は、姉川の戦いにおいて織田軍相手に奮戦するも、朝倉軍が徳川軍に敗れたことから敗北。数年後に居城・小谷城《おだにじょう》を攻められ、自害して果てる。

宗教勢力との戦い

比叡山《ひえいざん》焼き討ち

織田信長《おだのぶなが》の生涯における最大の強敵は、他のどんな戦国大名でもなく宗教勢力であったかもしれない。実際、信長をあと一歩まで追いつめた包囲網の勢力の中には、天台宗《てんだいしゅう》の総本山である比叡山延暦寺《えんりゃくじ》と、一向一揆《いっこういっき》を主導した浄土真宗本願寺派《じょうどしんしゅうほんがんじは》の石山本願寺《いしやまほんがんじ》があった。

そして、その包囲網を切り崩すために真っ先に標的とされたのもまた宗教だった。１５７１年（元亀《げんき》２）、信長は比叡山に軍を派遣し、寺をすべて焼き払ってしまう。これは前年に比叡山が浅井《あさい》・朝倉《あさくら》の連合軍をかくまった報復であったという。

一向一揆

しかし、信長と宗教勢力の戦いはここでは終わらない。１５７０年（元亀元）に、本願寺顕如《ほんがんじけんにょ》が諸国の門徒に信長との交戦を指示したことに端を発する、「石山《いしやま》戦争」と呼ばれる信長と一向一揆との戦いは、なんと十年にも渡って続いたのである。

この間、信長は伊勢長島《いせながしま》の一向一揆を苦戦の末に壊滅させ、加賀《かが》の一向一揆が内部分裂している隙《すき》を突いてこれもまた滅ぼし、ついには本願寺を屈服させた。しかし、固い宗教的結束を武器にする一向一揆が、信長をひどく手こずらせたことは間違いない。

豆知識

信長とキリスト教

古くから日本にある宗教とは激しく対立していた信長だったが、南蛮渡来のキリスト教には非常に寛大だった。キリシタン（キリスト教徒）を迫害することもなく、それどころかバテレン（宣教師）の持ち込んだ新しい技術や学問などを喜んで取り入れ、学んだという。

旧来の勢力や文化と戦う革命者という一面を持ち、さらに好奇心旺盛だった信長にとって、キリスト教は非常に興味深い存在であったのだろう。

カラー版 徹底図解
東洋医学のしくみ
The visual encyclopedia of East Asian medicine
からだのしくみ
脳のしくみ
手術と解剖のしくみ
遺伝のしくみ
心理学
気象・天気のしくみ
鉱物・宝石のしくみ

宗教勢力との戦い

「改革者」信長にとって、古い権力構造の象徴でもある宗教は
ある意味で最大の敵となった

比叡山焼き討ち

信長包囲網の一角として敵対し、
浅井・朝倉をかくまった比叡山延暦寺を、信長は許さない

1571年（元亀2）

大軍で山を包囲し、僧などを皆殺しにして、三塔十六谷の寺もすべて焼き払った

天台宗《てんだいしゅう》

最澄《さいちょう》が日本に伝える。仏教の中心的存在のひとつで、多くの宗派がここから派生した。比叡山延暦寺はその総本山

石山戦争

十年に渡る争い

1570年	石山本願寺、挙兵 ↳本願寺、諸国の門徒に信長との戦いを指示
1571年	第一次伊勢長島一揆戦
1573年	第二次伊勢長島一揆戦（苦戦の末、皆殺しに）
1574年	伊勢長島一揆を殲滅
1575年	越前一向一揆を平定
1576年	石山本願寺を攻撃 ↳兵糧攻めと、同時期の毛利攻めで、本願寺を追いつめる
1577年	紀伊雑賀を攻撃
1580年	和平成立

最後には本願寺顕如が信長に降伏。その跡に秀吉の大坂城が造られた

一向宗

親鸞の広めた、「南無阿《なむあ》弥陀仏《みだぶつ》」と唱えれば成仏できるという浄土真宗、その中でも本願寺派のことをとくに指してこう呼ぶ

↳ 戦国武将たちの多くは信心深かったが、信長は神聖な場所であろうと刃向かうならば容赦なく攻撃した

AD 1572～1573

甲斐《かい》の巨星、墜《お》つ

信玄《しんげん》、上洛《じょうらく》へ

今川義元《いまがわよしもと》によって結ばれた三国同盟は義元の死後に破棄され、今川氏の領地の半分を奪った武田信玄《たけだしんげん》と、これに反発した北条氏康《ほうじょううじやす》とのあいだにしばらく戦いが続いた。氏康の病死をきっかけにこの戦いは終結し、信玄の目は京《きょう》に向かう。信長包囲網の一員として、念願の上洛を果たすべく動き出したのだ。

このとき、真っ先に狙われたのは領土が近接する徳川家康《とくがわいえやす》だ。家康と信玄はかつて今川氏の領土を分割した仲だったが、信長の同盟者でもあり、上洛の道を遮《さえぎ》っている家康は格好の目標だったのである。

三方ヶ原《みかたがはら》の戦い

1572年（元亀《げんき》3）、進軍を始めた信玄に対して、家康はなす術《すべ》もない。それでも三方ヶ原《みかたがはら》を悠然と進む武田軍団を見逃すことはできずに攻撃するが、兵力の差もあって惨敗《ざんぱい》した。このとき、家康は命からがら浜松城《はままつじょう》に逃げのびると、あえてすべての城門を開いて火を焚《た》かせる。これを伏兵の印《しるし》ではないかと思った信玄は攻撃を躊躇《ためら》い、家康は九死に一生を得たのだ。

しかし、この戦いに勝利した武田軍が京にたどり着くことはなかった。翌年、信玄が夢かなわずに病没したのである。これが信長《のぶなが》の反撃の大きなきっかけとなる。

合戦の姿

武田騎馬軍団の真実

武田氏といえば、戦国最強の騎馬軍団、というイメージが強い。しかし、最近の研究によると、どうやら私たちが考えているような「馬に乗って戦う武士の軍団」としての騎馬軍団は存在しなかったらしいのだ。

では実際にはどうだったのかというと、「他の武家と同じように一部の武士が馬に乗っていただけ」とか、「山岳地帯で鍛えた馬の機動力を活かしたことから騎馬軍団の名で呼ばれた」とか諸説があって、ハッキリしていない。

1.信玄、京を目指す

この頃の武田信玄は、徳川家康とともに今川《いまがわ》氏真《うじざね》（義元の子）を滅ぼし、今川氏の旧領を分割したことから、北条氏と争っていた。しかし、北条氏康が死ぬとこの関係は修復され、背後の脅威がなくなった信玄の目は中央に向けられるようになった。足利《あしかが》義昭《よしあき》の要請を受け、信長包囲網の一角に参加し、念願の上洛を果たそうとしたのである。

2.家康の大敗

武田の大軍の矢面に立たされたのは、織田信長の同盟者・徳川家康だった。家康の事情をよそに武田軍は悠然と進み、浜松城の北の三方ヶ原に到着してもなお徳川勢を無視して西へと進んだ。家康は「誇りのため」と出陣するが、やはり兵力の差で大敗する。

3.信玄の死

家康を一蹴した信玄だったが、病没してしまう。死の間際に「わしの死を三年隠せ」といったという伝え通り、信玄の死はその後の状勢に大きな影響を与えることになる。武田の脅威から解放された信長が積極的に包囲網の切り崩しをはかっていくことになるのである。

AD
1575

長篠《ながしの》の戦い

戦国最強軍団の壊滅《かいめつ》

武田信玄《たけだしんげん》の死後、織田信長《おだのぶなが》は浅《あさ》井《い》・朝倉《あさくら》の両氏を滅亡させ、信長包囲網を崩壊させる。そして1575年（天正《てんしょう》3）、武田家に大打撃を与える機会がやってくる。信玄の跡を継いだ息子・勝頼《かつより》が、要所である三河《みかわ》の長篠城を攻撃してきたのだ。

これに対して、徳川家康《とくがわいえやす》の要請に応じた信長が救援に来て、両軍は激突した。この戦いにおいて、戦国最強と謳《うた》われた武田軍団は、織田軍があらかじめ築いておいた馬防柵《ばぼうさく》や空堀、土手などの陣地に足をとめられ、そこに鉄砲の一斉射撃を受けて壊滅したのである。

三段撃ちの真実

このとき、信長が使ったといわれる戦術が鉄砲の三段撃ちだ。鉄砲隊を三列に分け、手間と時間のかかる火縄銃の発射準備「弾込め」「点火」「撃ち方」の三つを順番に行って間断《かんだん》なく発射していく……という非常に有名でかつ大変にドラマチックなこの戦術は、じつは後世の創作であるらしい。

しかし、この長篠の戦いにおいて信長が当時としては異例なほどの三千丁（一説には千丁とも）もの鉄砲を用意し、またこの鉄砲を効果的に使って、武田軍団を打ち破ったのは間違いないことである。

エピソード

武田の末路

この戦いの結果、武田氏は優秀な家臣の多くを失う。勝頼は父の代からの宿敵である上杉謙信《うえすぎけんしん》と同盟を結び、婚姻政策で北条氏《ほうじょうし》とも関係を深めていくことで勢力を復活させようとするが、外交の失敗から北条氏を敵にまわしてしまう。

こうしてさらに追いつめられていった武田氏は織田・徳川連合軍の前に滅亡し、逃亡した勝頼も受け入れてくれるはずだった一門衆の小山田《おやまだ》信《のぶ》茂《しげ》の裏切りによって逃げ道を失い、最後は自害して果てた。

1.武田対織田・徳川

武田信玄の死後、跡を継いだ勝頼は三河や遠江《とおとうみ》への侵攻を繰り返していた。東遠江《ひがしとおとうみ》の高天神城《たかてんじんじょう》を攻め落とすと、続いてその標的となったのは三河と信濃を繋ぐ交通の要地で、以前から武田氏と徳川氏が争っていた長篠城だった。一方、この動きを武田攻略の好機と見た織田信長も大軍を率いて援軍に赴き、織田・徳川連合軍対武田軍の決戦が行われることとなった。

3.武田の末路

長篠の敗北で多くの家臣と兵を失った勝頼だったが、そののちすぐに滅亡したわけではない。北条氏との和睦や上杉氏の跡継ぎ争いへの介入（ただし、ここで北条氏の一族を見殺しにしたために再び関係は悪化）などの外交努力や、信玄以来の体制の改革などに努力する。しかし、織田・徳川軍の圧力の前にはかなわず、ついには味方が総崩れして滅亡することとなったのだ。

2.設楽原《したらがはら》の決戦

両軍は長篠城西方の設楽原で対峙した。この戦いは、織田軍の鉄砲隊三千（千とも）が三段撃ちと柵によって武田の騎馬隊の突撃を防ぎ止めた、というのが通説として語られているが、織田の三段撃ちは後世の創作とされ、武田の騎馬隊も一般的にイメージされる騎馬部隊とは違ったのではないかとされることから、実際の合戦は通説とは違うものであったと思われる。しかし、織田軍の用意した多数の鉄砲が勝敗を決する大きな要因となったことと、この敗北によって武田氏が信玄以来の有力な家臣たちの多くを失って没落の道をたどったのは間違いないようだ。

AD 1577～1582

信《のぶ》長《なが》の天下獲り

越後《えちご》の虎との戦い

武田氏《たけだし》を退けた織田信長《おだのぶなが》の前に、新たな強敵が現れる。1577年（天正《てんしょう》5）、一向一揆《いっこういっき》と手を組んだ上杉謙信《うえすぎけんしん》が牙を剥《む》いたのだ。能登《のと》に侵攻した謙信は能登守護畠山《はたけやま》氏の七尾城《ななおじょう》を攻め、救援要請を受けた信長は柴田勝家《しばたかついえ》率いる軍勢を派遣した。

ところが、この織田軍は羽柴秀吉《はしばひでよし》が途中で離脱するなど内紛を抱えており、さらに手取川《てとりがわ》を越えたところで七尾城がすでに陥落していたという情報が届く。驚いた勝家は軍を退くが、背後から上杉軍に攻められて大敗してしまう。これが手取川の戦いである。

各地に手を伸ばす

しかし、この敗北は織田軍にとって致命的な失敗とはならなかった。翌年、信玄《しんげん》のあとを追うかのように、謙信《けんしん》が病没したのだ。以後、信長の天下統一のための動きはさらに活発になっていく。信長は各地に重臣たちを派遣し、自分は天守閣《てんしゅかく》を備えた革新的な居城・安土城《あづちじょう》でそれらを指揮する形を取っていた。

謙信の跡を継いだ北陸の上杉景勝《うえすぎかげかつ》に対しては柴田勝家が、中国の毛利《もうり》輝元《てるもと》に対しては羽柴秀吉が、という形で各地方に派遣された重臣たちは、確実に織田氏の勢力を拡大させていったのである。

豆知識

信長の政策

信長が活発な動きを見せたのはなにも軍事面ばかりではない。京《きょう》や堺《さかい》など商業都市（堺には鉄砲の生産地という価値もあった）を支配し、不必要な関所を撤廃して交流を活発化させるなど、経済面でも積極的に動いた。

その政策の中でもとくに有名なのが楽市楽座《らくいちらくざ》だ。これは「座」という同業者組合を排除し、市を自由にするもので、信長以外にも多くの大名によって行われていたが、信長の先見の明を表す事例として知られている。

信長の天下獲り

織田軍は浅井氏・朝倉氏・武田氏を滅ぼし、上杉謙信に敗れるも、その謙信も病死。
いよいよ信長の天下統一は近いかに見えた

武田信玄の病死をきっかけに信長包囲網は崩壊し、足利義昭は京より追放

→ 一向一揆と和解した上杉謙信が挙兵 ↓

信長包囲網が復活

↓

手取川の戦い1577年（天正5）

織田軍五万（柴田勝家ら）	VS	上杉軍 三万五千

→ 内紛を抱えた織田軍、浮き足だって大敗する

↓

ところが

関東を平定したのちに念願の上洛をかなえようとしていた謙信、夢の実現を前に病死 → 再び包囲網は崩壊する

↓

織田軍、各地へ

↓

織田軍の武将が各地で勢力を伸ばす一方で、信長の周囲は戦力の空白地帯になっていた → 本能寺の変につながる

おもな働きをした人物

尾張

森《もり》蘭《らん》丸《まる》

生没 1565(永禄8)~1582(天正10)
別称 乱丸・乱法師・長定・長康・成利
本拠 美濃金山城

織田信長《おだのぶなが》に仕えた森可成《もりよしなり》の子で、自身も小姓《こしょう》として信長に仕えた。「蘭丸」が一般的だが、これは幼名の「乱丸」もしくは「乱法師」が誤って後世に伝えられたものであるようだ。信長の秘書的な存在であり、さらに稚児《ちご》として偏愛されたという（ただの養父代わりだったとも）。

尾張

池《いけ》田《だ》恒《つね》興《おき》

生没 1536(天文5)~1584(天正12)
別称 紀伊守・勝三郎・勝入
本拠 摂津伊丹城→摂津尼崎城→摂津花隈城→美濃岐阜城

織田家の家臣で、信長の乳兄弟《ちきょうだい》。信長のおもだった戦いのほとんどに参加した。本能寺《ほんのうじ》の変の際には中国大返しで急行してきた羽柴秀吉《はしばひでよし》に味方し、山崎《やまざき》の合戦で活躍。以後は秀吉寄りの立場を取るが、小牧《こまき》・長久手《ながくて》の合戦においては別働隊に参加し、徳川家康《とくがわいえやす》に敗れ、討ち死にする。

滝《たき》川《がわ》一《かず》益《ます》

生没 1525（大永5）?～1586（天正14）
別称 左近将監・久助・入庵
本拠 尾張蟹江城→伊勢長島城→上野厩橋城

甲賀《こうが》忍者の出身とも、また鉄砲の名人ともいわれる、織田信長の家臣。関東方面の指揮官を務めるが、そこでの戦いが長引いたために（失敗を責められたためとも）、本能寺の変のあとの清洲《きよす》会議には出席できなかった。その後、賤ヶ岳《しずがたけ》の戦いでは柴田勝家《しばたかついえ》側につくも秀吉に降伏し、小牧・長久手の戦いでは秀吉側についたが今度は徳川家康に敗れる。これを恥じた一益は出家してしまった。

尾張

丹《に》羽《わ》長《なが》秀《ひで》

生没 1535（天文4）～1585（天正13）
別称 万千代・五郎左衛門・羽柴長秀
本拠 近江佐和山城→越前府中城→近江大溝城→越前北ノ庄城

織田信長の家臣。軍事・政治の両面で活躍し、柴田勝家に続く二番目格の家老だった。信長の息子・信孝《のぶたか》とともに四国へ出陣する直前に本能寺の変が起き、これに対して山崎の戦いに参加し、光秀と戦った。その後の清洲会議では羽柴秀吉を支持し、賤ヶ岳の戦いでも秀吉とともに戦った。その結果、勝家の旧領を与えられて大大名となる。しかし、すぐに病に倒れ、北ノ庄城で覚悟の自決をして果てたという。

AD 1582

本《ほん》能《のう》寺《じ》の変

敵は本能寺にあり

１５８２年（天正《てんしょう》10）、織田信長《おだのぶなが》は京《きょう》における常宿の本能寺に、わずかな供《とも》だけを連れて滞在していた。これは中国地方で毛利氏《もうりし》と戦っている羽柴秀吉《はしばひでよし》の援軍に向かうためだった。しかし六月二日早朝、突然現れた軍勢が本能寺を包囲する。

当初、周囲の騒がしさを信長は喧《けん》嘩《か》かなにかだと思っていたのだが、騒音のもとが軍勢であること、そしてなによりもその軍の掲《かか》げる旗印を聞いて、それが謀反であることを理解した。それは桔梗《ききょう》——秀吉の救援に向かうよう命令した重臣、明智光《あけちみつ》秀《ひで》の家紋だったのである。

炎の中に死す

光秀は六月一日に軍を率いて居城を出発していた。しかし、その途中で唐突に主君・信長への謀反を宣言し、軍勢を本能寺に向けたのだ。

約一万三千という大軍に対して、信長は自ら弓をうち、槍を振るって奮戦したがやはり多勢に無勢だった。最後は自ら放った炎の中で腹を斬って自決した、という。光秀はさらに信長の嫡子《ちゃくし》（すでに当主の座は譲られていた）でやはり京にいた信忠《のぶただ》をも攻めて殺す。こうして信長の天下獲りの野望は炎の中に消え、その後継者の座を争って新たな戦いが始まることとなる。

諸説アリ

光秀の動機

「明智光秀はなぜ裏切ったのか？」これは日本史上最大のミステリーのひとつだ。

その真相も、信長に叱責されたことへの恨みがつのったという説、このままでは粛清されると考えたという説、光秀自身が天下獲りの野望を抱いていたという説、さらに別に黒幕がいてその人物に命令されたという説と様々に語られている。黒幕の正体についても、徳川家康《とくがわいえやす》説、足利義昭《あしかがよしあき》説、羽柴秀吉説、そして朝廷の意向だったとする説など枚挙に暇がない。

本能寺の変

まさに天下を掴もうとしていた信長を倒したのは、有力家臣の明智光秀だった

中国地方

羽柴秀吉
毛利氏と戦っていた

→ 救援要請 →

安土城

織田信長
当時、家康を歓待していた

→ 出陣を指示 →

明智光秀
接待係を務めていた

それぞれ、出陣のために準備

1582年(天正10)

本能寺の変、勃発《ぼっぱつ》

明智光秀が突如謀反を起こし、京の本能寺にて織田信長死す。嫡男の織田信忠もこのとき死ぬ

謀反の理由

1. **野心説** → 多くの有力家臣は地方に分散し、信長を殺して天下を奪うことは可能だと信じた?
2. **私怨《しえん》説** → 家康の接待時に不手際を責められたことや、中国攻めに成功すればその国を与えられるという条件の代わりに領地の丹波国を取り上げられたことなどを恨んでいた?
3. **恐怖説** → 旧来の家臣を容赦なく追放し、さらにあまりにも革新的な政治を行う信長に対し、比較的古い考え方を持つ光秀は恐怖を感じていた?
4. **黒幕説** → じつは光秀は黒幕の指示によって信長を殺した?
   → 朝廷の意向、足利義昭の指示、徳川家康や羽柴秀吉の指示、などなど

信長にとって、光秀の挙兵は完全に予想外の出来事

↓

象徴的な存在だった安土城も炎上し、戦国時代は次の展開へ

AD ~1584

九州争奪戦

九州三強

当時、九州でも戦国大名たちが激しく争っていた。中でも、肥前《ひぜん》の龍《りゅう》造《ぞう》寺《じ》氏《し》・豊後《ぶんご》の大友氏《おおともし》・薩摩《さつま》の島津《しまづ》氏《し》は、九州の三強として大きな勢力を誇った。そして、その他の中小大名たちは、三強に対して離反と服従を繰り返しながら、自分たちの生き残りをはかっていたのだった。

龍造寺氏は肥前守護少弐氏《しょうにし》の家臣だったが、下克上《げこくじょう》によって戦国大名となり、龍造寺隆信《りゅうぞうじたかのぶ》の時代にその勢力を大きく拡大する。一方、大友氏は守護上がりの名門戦国大名で、キリシタン大名として名高い大友宗麟《おおともそうりん》の時代に最盛期を迎えた。

島津の勇躍

そして、九州三強最後のひとつ、島津氏もまた、守護から戦国大名になった名門である。島津義久《しまづよしひさ》・義《よし》弘《ひろ》・歳久《としひさ》・家久《いえひさ》の四兄弟はいずれも劣らぬ名将であり、彼らの指揮の下で島津氏は九州統一に向けて躍進していく。

まず1578年（天正《てんしょう》6）の「耳《みみ》川《かわ》の戦い」で大友氏に大打撃を与え、続いて1584年（天正12）に龍造寺氏と戦った「沖田畷《おきたなわて》の戦い」でも隆信を敗死させる。こうして他の二強が衰退していくなか、島津氏は九州の覇者へと登りつめていったのだ。

エピソード

名軍師たち

大友氏と龍造寺氏はそれぞれ島津氏に敗れて九州制覇の夢を断たれたのだが、面白いことにそれを決定づける戦いにおいて、宗麟も隆信も同じ失敗を犯しているのである。それは、それまで自分を支えてくれた名軍師の意見を無視したことだ。

宗麟には角隈石宗《つのくませきそう》と立花道雪《たちばなどうせつ》、隆信には鍋島直茂《なべしまなおしげ》という名軍師がついていて、彼らが揃って主君をとめるも聞き入れられず、かくして大友・龍造寺は島津に敗れた、というのである。

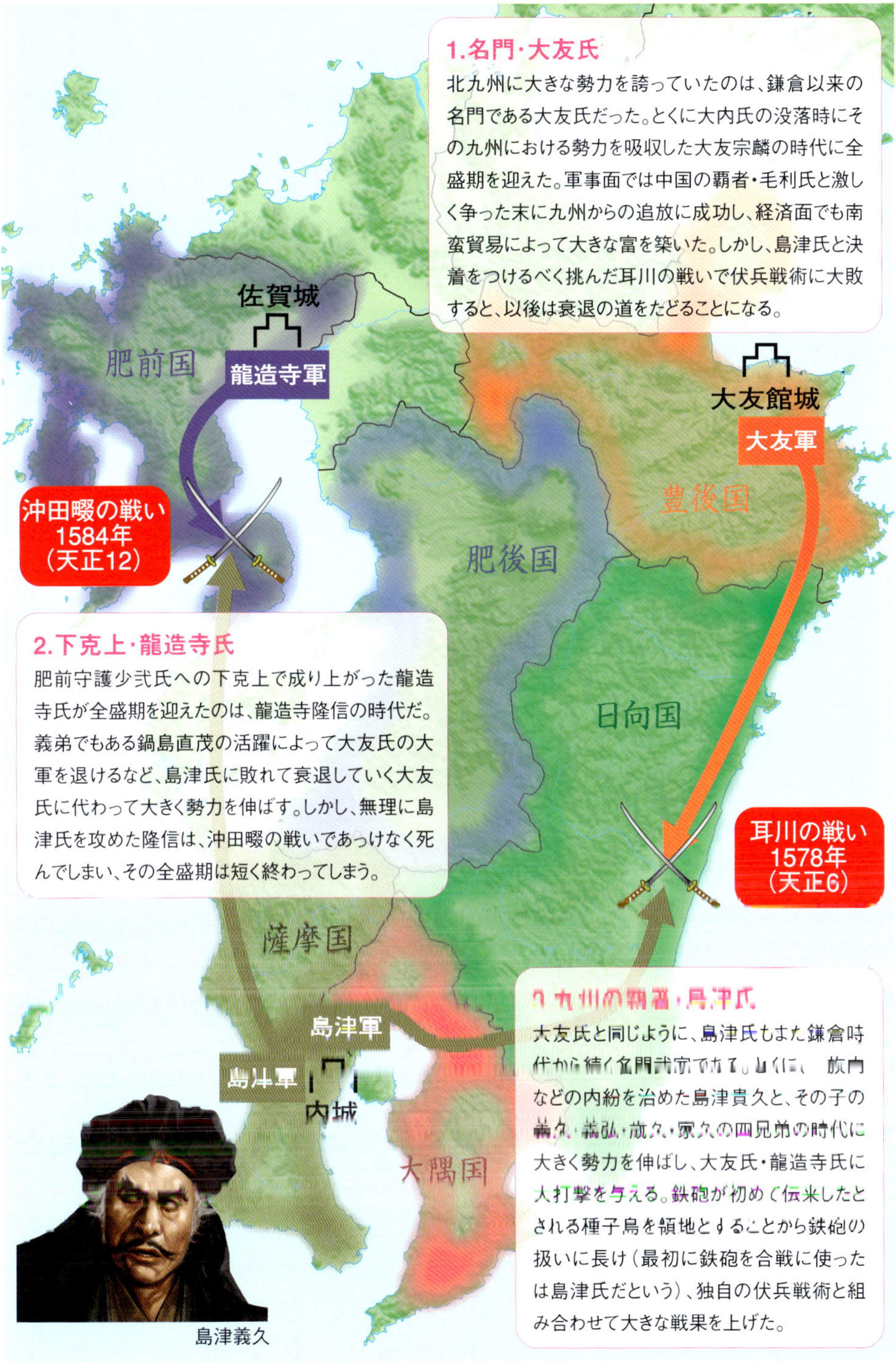

1.名門・大友氏

北九州に大きな勢力を誇っていたのは、鎌倉以来の名門である大友氏だった。とくに大内氏の没落時にその九州における勢力を吸収した大友宗麟の時代に全盛期を迎えた。軍事面では中国の覇者・毛利氏と激しく争った末に九州からの追放に成功し、経済面でも南蛮貿易によって大きな富を築いた。しかし、島津氏と決着をつけるべく挑んだ耳川の戦いで伏兵戦術に大敗すると、以後は衰退の道をたどることになる。

2.下克上・龍造寺氏

肥前守護少弐氏への下克上で成り上がった龍造寺氏が全盛期を迎えたのは、龍造寺隆信の時代だ。義弟でもある鍋島直茂の活躍によって大友氏の大軍を退けるなど、島津氏に敗れて衰退していく大友氏に代わって大きく勢力を伸ばす。しかし、無理に島津氏を攻めた隆信は、沖田畷の戦いであっけなく死んでしまい、その全盛期は短く終わってしまう。

3.九州の覇者・島津氏

大友氏と同じように、島津氏もまた鎌倉時代から続く名門武家である。とくに、一族内などの内紛を治めた島津貴久と、その子の義久・義弘・歳久・家久の四兄弟の時代に大きく勢力を伸ばし、大友氏・龍造寺氏に大打撃を与える。鉄砲が初めて伝来したとされる種子島を領地とすることから鉄砲の扱いに長け(最初に鉄砲を合戦に使ったは島津氏だという)、独自の伏兵戦術と組み合わせて大きな戦果を上げた。

島津義久

ミニ知識

戦国時代の女性

戦乱の絶えない殺伐《さつばつ》とした戦国時代は、その世相《せそう》を反映するかのように男性上位の時代だった。そのため、武士の家に生まれた女性のほとんどは、家が安定するために、もしくはより拡大していくための道具として扱われていた。しかし、その一方で個性的に、またはしたたかに生きる女性たちも結構いた。このコラムではそうした戦国時代の女性たちについて触れていきたい。

戦国大名にとって、娘は貴重な政治的道具であった、といい切って間違いない。政略結婚には三つのパターンがあり、ひとつは対等の関係にある戦国大名二家が同盟を結ぶ際に行われるケース。この場合、婚姻《こんいん》は同盟の証《あかし》であるため、嫁《とつ》ぐ娘や嫁にとる相手方が結婚適齢期に達していない子供であっても、形式的な婚儀が交わされる例が珍しくない。

次のパターンは、劣勢な状況に置かれた戦国大名が、服属《ふくぞく》の証として娘を他の大名に差し出すケース。第一のパターンでは正室の娘と家を継ぐ嫡男が結婚することが多かったのに対し、こちらでは相手方の大名の側室などとして扱われることが多い。

そして最後のパターンが、他の大名ではなく自分の家臣に嫁がせ、家臣との結束を高めるケース。この場合、血のつながった娘ではなく、家臣の娘を養女にもらってから嫁がせることもあったが、それでも家臣との結束を高める効果があったという。

しかし、女性たちは一方的に男性の都合に振りまわされてばかりいた、というわけではない。彼女たちも独自の財産を持っていたし、積極的な経済活動（庶民であれば市に店を出したり、裕福な女性であれば高利貸しをしたり）を行うこともあった。

また、「女大名」めいた活躍をする女性たちもいた。豊臣秀吉《とよとみひでよし》の側室で、跡取りの秀頼《ひでより》を生んだ淀殿《よどどの》は、秀吉死後の大《おお》坂城《ざかじょう》で絶大な権力を振るい、そのために豊臣氏の滅亡を招いたとされている。

さらに、一時的とはいえ本当に女性の身で一城の主となってしまった者もいる。大友宗麟《おおともそうりん》を支えた名軍師・立花道雪《たちばなどうせつ》は、娘の誾千代《ぎんちよ》に立花家《たちばなけ》の家督を譲り、立花城《たちばなじょう》の主にしている。のちに道雪は宗茂という婿養子を取って彼に立花家を譲ってはいるのだが、誾千代には、自分を手込めにしようとした秀吉に対して、武装して乗り込んで怯《おび》えさせるといった武勇伝があり、なかなか力強い女性だったようだ。

4章

羽柴秀吉の統一

1582年（天正《てんしょう》10）　本能寺《ほんのうじ》の変を知った羽柴秀吉《はしばひでよし》、驚異的な速度で中国地方より帰還する（中国大返し）
秀吉、明智光秀《あけちみつひで》を破る（山崎《やまざき》の戦い）
清洲《きよす》会議により、信長の後継者は孫の三法師《さんぽうし》に決定。秀吉はその後見人となる

1583年（天正11）　柴田勝家《しばたかついえ》、秀吉に反抗し敗死（賤ヶ岳《しずがたけ》の戦い）

1584年（天正12）　徳川家康《とくがわいえやす》、織田信雄《おだのぶかつ》とともに挙兵。秀吉を破るも講和になる（小牧《こまき》・長久手《ながくて》の戦い）
龍造寺隆信《りゅうぞうじたかのぶ》、島津義久《しまづよしひさ》に敗れて自刃。島津氏が九州を制圧していく（沖田畷《おきたなわて》の戦い）

1585年（天正13）　秀吉、関白《かんぱく》の地位を得る
長宗我部元親《ちょうそかべもとちか》、四国を統一するも、秀吉の派遣した大軍の前に降伏する（四国征伐）

1586年（天正14）　秀吉、朝廷より豊臣《とよとみ》の姓を与えられる
家康、上洛して秀吉に臣従する

1587年（天正15）　秀吉の大軍の前に島津氏が降伏（九州征伐）

1588年（天正16）　刀狩令《かたながり》が発布される

1589年（天正17）　伊達政宗《だてまさむね》、佐竹《さたけ》・蘆名《あしな》両氏の連合軍を破って、蘆名氏を滅亡させる（摺上原の戦い）

1590年（天正18）　秀吉、空前の大軍で北条《ほうじょう》氏を滅亡させ、政宗の臣従を受ける（小田原《おだわら》合戦）

1592年（文禄《ぶんろく》元）　秀吉、朝鮮へ出兵する（文禄の役）

1593年（文禄2）　情勢の悪化により、日本軍が朝鮮より撤退

1595年（文禄4）　豊臣秀次《とよとみひでつぐ》、謀反の罪で処刑される

1597年（慶長《けいちょう》2）　認識のすれ違いから和平交渉が決裂し、再び秀吉は朝鮮に軍を派遣する（慶長の役）

AD
1582

明《あけ》智《ち》光《みつ》秀《ひで》の三日天下

中国大返し

本能寺《ほんのうじ》の変で織田信長《おだのぶなが》が非業《ひごう》の死を迎えたとき、羽柴秀吉《はしばひでよし》は中国地方にいた。毛利氏《もうりし》の備中高松城《びっちゅうたかまつじょう》を攻撃していたのである。しかし、その陣地に明智光秀《あけちみつひで》が毛利氏に出した密使が迷い込み、光秀の謀反と信長の死が判明する。これが本能寺の変の死の翌日、六月三日のことであった。

秀吉はすぐに毛利氏との講和をまとめると、約三万の軍勢を率いて京に向かう。のちに「中国大返し」と謳《うた》われるこの強行軍は、じつに一日平均三十キロという、これだけの規模の軍勢にとっては限界に等しい速度で行われた。

山崎の合戦

一方の光秀は朝廷より征夷大将軍に任じられ、さらに細川藤孝《ほそかわふじたか》・筒井順慶《つついじゅんけい》といったもともと親交の深い人々に援軍を求める。ところが、光秀の依頼に応える者は誰もおらず、孤立した状態のままで十三日、明智軍は羽柴軍と山《やま》崎《ざき》の地で激突することになる。

この戦いは、羽柴軍の方が兵力で勝っていたこと、そして天王山《てんのうざん》という要所をあらかじめ押さえておいたことから、秀吉の勝利に終わった。光秀は落ち武者狩りに殺されてしまう。本能寺の変からその死までの時間はあまりに短く、ここから「三日天下」という言葉が生まれた。

諸説アリ

光秀のその後？

小説などでしばしば見られる異説に、光秀が生きのびていた、というものがある。ではその後どうなったのかといえば、なんと「南光坊天海《なんこうぼうてんかい》」という僧になり、家康のブレーンとなったというのだ。

この説の根拠は、家康を祀《まつ》った日光東照宮《にっこうとうしょうぐう》に光秀の家紋である桔梗《ききょう》の彫り細工が多数あることや、光秀の死後に比叡《ひえい》山《ざん》に寄進された石碑の中に光秀の名前で贈られたものがあることなどが挙げられるが、根拠としては少し弱いようだ。

天下人・光秀の経過

6月2日	本能寺の変、信長死す
6月3日	秀吉、信長の死を知る
光秀、この時期に諸将を味方に誘うがうまくいかない	
6月6日	秀吉、毛利氏との講和を成立させて出発
6月9日	光秀、京に入って朝廷工作
この頃、光秀は朝廷から将軍に任じられたとされる	
6月13日	両軍が山崎で激突し、光秀、落ち武者狩りにあって死す

1.光秀の思惑

明智光秀は織田信長を本能寺で殺害したあと、朝廷や公家に金銀を贈って人気取りをはかる一方、もともと仲のよい細川藤孝・筒井順慶・高山右近《たかやまうこん》といった周辺の武将たちに味方になってくれるよう求めた。ところが、彼らは皆謀反人である光秀には従わず、さらにもうひとつ予想外の出来事が起きた。他の大名と戦っていて素早く動けないはずの織田の有力家臣のひとりが、誰も想像できないスピードで舞い戻ってきたのだ。

明智光秀

羽柴秀吉

2.中国大返し

「信長死す」の報が、中国地方で毛利氏の備中高松城を攻めていた羽柴秀吉のもとに届いたのは、本能寺の変の翌日のことだった。毛利氏に信長の死を伝えようとした光秀の密使が秀吉の陣に迷い込み、これを知った秀吉はすぐさま毛利氏との和睦を結ぶ。そして、そこから三万の兵を引き連れて七日間で約190キロメートルもの大移動を行ったのである。これは三万もの大軍の移動速度としては限界に近い速度であるが、秀吉は姫路城に立ち寄ったときに金銀を家臣に分け与えるなどしてこの「中国大返し」とよばれる強行軍を成し遂げたのだった。

3.山崎の戦い

池田《いけだ》恒興《つねおき》・丹羽《にわ》長秀《ながひで》・高山右近ら織田家臣団および信長三男・信孝《のぶたか》と合流して四万余にまで膨れあがった秀吉軍に対し、孤立無援で挑む光秀軍は約一万三千。それでも天王山の麓の山崎で両軍は激突するが、先に天王山を押さえられたことが決定打となり、わずか二時間ほどで光秀は敗北する。破れた光秀はわずかな手勢とともに逃げようとするが、その途中で落ち武者狩りの手にかかって殺された。光秀の首が本能寺に晒《さら》されたのは、本能寺の変からわずか十三日後のことであったという。

AD
1582

信《のぶ》長《なが》の後継者決め

織《お》田《だ》家臣団の動き

織田信長は死に、謀反人の明智光秀《あけちみつひで》も羽柴秀吉《はしばひでよし》に敗れて死んだ。こうなると問題になるのが、信長の跡継ぎは誰か、ということだ。本来であるならば信長の嫡男であり、すでに家督を譲られていた信忠《のぶただ》が継ぐのが筋だ。

しかし、信忠はすでに光秀に殺されていたため、ハッキリとした跡継ぎは存在していないことになる。そこで、重臣たちの会議によって誰が織田家を継ぐかが決められることとなった。

こうして、柴田勝家《しばたかついえ》・羽柴秀吉・丹《に》羽長秀《わながひで》・池田恒興《いけだつねおき》の四人の重臣が、尾《お》張《わり》の清洲城《きよすじょう》に集まり、信長の後継者を選ぶ会議が持たれた。

清洲会議

この会議には本来勝家派の滝川一《たきがわかず》益《ます》が出席するはずだったが、直前の敗北で関東を失っていたために出席を許されず（秀吉の謀略とも）、代わりに信長の乳兄弟《ちきょうだい》の恒興が出席した。

信長生前に最も格上だった勝家が三男の信孝《のぶたか》を推薦したのに対し、秀吉は信忠の息子で当時まだ三歳だった三法師《さんぼうし》を推した。血統的な正当性という意味では三法師は最もふさわしい人物であり、さらに長秀と恒興が秀吉を支持したため、三法師が家督を継ぎ、秀吉がその後見人となった。実質的に、ここで信長の後継者としての秀吉が認められたのである。

豆知識

候補者たち

信長には多くの子供がいたが、清洲会議のときに後継者として有力視されていたのは次男・信雄《のぶかつ》と三男・信孝の二人。長幼の序でいうなら信雄が優先だが、もとから凡庸《ぼんよう》とされていたうえに信長の死から始まった混乱に際してなにもしなかったために評判を落としていた。

一方、信孝は山崎の戦いでも活躍し、また勝家がバックについていたために兄より評判が高かった。しかし、結局は血筋の正しさを押し通す秀吉の意見が通ったのは本文の通り。

信長の後継者決め

山崎の戦いで信長の仇を討った秀吉は、
清洲会議の主導権をも取って自らが天下人になる道を歩み出すことに

六月二十七日

尾張清洲城に集まった織田氏の重臣たちは、
跡継ぎを決めるべく会議を行う

四人の参加者

丹羽長秀・池田恒興	羽柴秀吉	（対立）	柴田勝家	滝川一益
秀吉を支持する	光秀を打倒し、発言力が大きくなる	対立	織田家臣団の筆頭	勝家支持だが出席を許されない

羽柴秀吉 →支持→ 三法師
柴田勝家 →支持→ 信孝

三法師
信長の嫡男・信忠の子。血筋としては最も正当だが、当時は弱冠三歳の赤子

信孝
信長の三男。山崎の戦いにも参加していた。勝家と親しい

信雄
信長の次男。凡庸で、本能寺の変でもなにもできなかった

三法師が秀吉を後見人として信長の跡継ぎとなることに

血筋的な正当性と長秀・恒興の支持が決定的

秀吉、織田家臣団筆頭の地位へ
（実質的に、秀吉こそが天下人・信長の後継者となる）

AD
1583

賤《しず》ヶ《が》岳《たけ》の戦い

秀吉《ひでよし》対勝家《かついえ》

清洲《きよす》会議で柴田勝家《しばたかついえ》に代わる形で織田《おだ》家臣団のトップに躍《おど》り出た羽柴《はしば》秀吉《ひでよし》は、自分の主導で織田信長《のぶなが》の葬儀を盛大にとり行うなど地位確立に向けて精力的に活動する。またその一方で、織田信孝《のぶたか》や滝川一益《たきがわかずます》といった柴田派の武将を次々と攻撃していくのだった。

これらの動きに対して、領地が北国であることから冬のあいだの活動をためらっていた勝家も、軍を率いて居城・北ノ庄城《きたのしょうじょう》を出発。信長が死んだ翌年の1583年（天正《てんしょう》11）に、羽柴軍と柴田軍が近江《おうみ》の賤ヶ岳で激突することとなったのである。

北ノ庄城に死す

戦いは熾烈《しれつ》なものとなったが、柴田軍は戦いの途中で前田利家《まえだとしいえ》ら三将が撤退してしまったことから敗れた。おそらく、この三人は秀吉の寝返り工作を受けていたのだろう。とくに利家は秀吉と親交が深く、そうした心情が判断に影響を与えたのだろう。

賤ヶ岳で敗れた勝家は北ノ庄城に逃れたが、すぐに秀吉軍に包囲され、妻のお市の方とともに自害した。この戦いの結果、秀吉は旧織田家臣団を完全に掌握し、信長の後継者の座を確実なものとする。そして、いよいよ天下を掌握するべく、毛利氏《もうりし》に服従を求めるなど行動を始めるのだった。

エピソード

賤ヶ岳の七本槍

この戦いで活躍をしたとして有名なのが、福島正則《ふくしままさのり》・加藤清正《かとうきよまさ》・加藤嘉明《かとうよしあき》・脇坂安治《わきざかやすはる》・平野長泰《ひらのながやす》・糟屋武則《かすやたけのり》・片桐且元《かたぎりかつもと》の七人の武将だ。彼らは「賤ヶ岳の七本槍」として名高いが、じつはこの名前がついたのは賤ヶ岳の戦いから随分経ってのことだ。

さらに、同じ働きをした武将として桜井佐吉《さくらいさきち》・石川兵助《いしかわへいすけ》（一光《かずみつ》）の二名がいたが、「七本槍」の名前がつけられたのが彼らの死後だったために、その中に数えられることはない。

1.秀吉と勝家

清洲会議で織田家臣団の主導権を握った羽柴秀吉は、信長の葬儀を盛大に行って自分の権力をアピールする。一方で、面目を潰された柴田勝家は領地が雪国であることからなかなか動けず、その隙に秀吉は織田信孝や滝川一益といった勝家派の武将たちを攻撃して勝家をおびき寄せようとする。これに対してついに勝家も兵を挙げて南下し、両軍が激突することになった。

2.賤ヶ岳の戦い

合戦が行われたのは賤ヶ岳のふもと、余呉湖《よごこ》のほとりだった。戦いは当初膠着《こうちゃく》状態になったが、羽柴側の砦を落とした柴田側の武将・佐久《さく》間盛政《まもりまさ》が勝家の指示を無視してその砦に残り続け、そこを羽柴軍が攻撃したことから激戦が始まる。ところが、その最中に柴田側の前田利家・不破勝光《ふわなおみつ》・金森長近《かなもりながちか》の三人の武将が勝手に撤退し、勝敗は秀吉の大勝で決着した。この三人は戦いが始まる以前に勝家の使者として秀吉のもとを訪れていたことから、そのときに裏切り工作を受けていたのだとされている。

3.勝家の死

賤ヶ岳で敗れた柴田軍は居城の北ノ庄城に逃げ込んだが、追撃した秀吉軍に包囲されてしまう。事ここにいたってあきらめた勝家は城に火を放ち、妻のお市の方とともに自害して果てた。このとき、お市の方の三人の娘（前夫・浅井長政との子）は秀吉に救われ、とくに長女はのちに淀殿として秀吉の側室となった。この戦いの結果、信長の後継者としての秀吉の地位はほぼ確立されたのである。

おもな働きをした人物

尾張

加藤清正《かとうきよまさ》

生没 1562(永禄5)~1611(慶長16)
別称 主計頭・肥後守・夜叉丸・虎之助
本拠 肥後熊本城

豊臣秀吉《とよとみひでよし》の縁者で、子飼いの武将。「賤ヶ岳の七本槍」として武名をあげ、以後の戦いでも活躍する。秀吉の死後は石田三成《いしだみつなり》との仲が悪かったことから東軍につき、九州で黒田官兵衛《くろだかんべえ》らとともに戦った。その後、徳川《とくがわ》氏と豊臣氏の仲を取り持つが、突然病死してしまう。

尾張

福島正則《ふくしままさのり》

生没 1561(永禄4)~1624(寛永元)
別称 左衛門大夫・市松
本拠 播磨竜野城→伊予湯月(湯築)城→伊予府中城→尾張清洲城→安芸広島城

加藤清正と同じく秀吉の縁者で、「賤ヶ岳の七本槍」のひとり。やはり石田三成との仲は悪く、三成憎しの一念から関ヶ原《せきがはら》の戦いでは東軍の先鋒《せんぽう》を務めた。この功績で戦後に加増を受けるが、幕府に届けを出さずに城の修復を行ったことを責められ、大幅に領地を削られてしまう。

尾張

柴《しば》田《た》勝《かつ》家《いえ》

生没 1522（大永2）～1583（天正11）
別称 修理亮・権六郎（権六）
本拠 越前北ノ庄城

織田信長《おだのぶなが》の重臣として活躍した武将。当初は弟の信行《のぶゆき》を織田家当主に立てようとするが失敗し、以後は信長の配下として様々な戦いに参加、武功をあげる。織田政権では北陸方面の軍を指揮し、上杉氏《うえすぎし》などと戦った。信長の死後は後継者の地位をめぐって秀吉と対立し、賤ヶ岳の戦いで敗れたのちに居城を攻められて自害した。浅井長政《あさいながまさ》と死別したお市《いち》の方を妻として迎え入れている。

尾張

前《まえ》田《だ》利《とし》家《いえ》

生没 1539（天文8）～1599（慶長4）
別称 犬千代・孫四郎・又左衛門（又左）
本拠 尾張荒子城→越前府中城→能登七尾城→加賀金沢城

織田信長と豊臣秀吉に仕えた。若い頃、同僚を殺してしまって数年浪人暮らしをしたことがあるが、許されて以後は「槍の又左《またざ》」の異名を持つ猛将として活躍する。柴田勝家の下につけられるが、同時に秀吉との親交も深く、賤ヶ岳の戦いでは勝家を裏切ることとなる。豊臣政権では五大老のひとりとなり、また秀吉の遺児・秀頼《ひでより》のことを託されるが、秀吉のあとを追うように病死してしまう。

AD 1584

小牧《こまき》・長久手《ながくて》の戦い

家康《いえやす》の戦術

織田信長《おだのぶなが》の三男・信雄《のぶかつ》は当初羽柴《はしば》秀吉《ひでよし》と手を組んでいたのだが、あくまで家臣であったはずの秀吉の台頭を不満に思うようになっていく。そこに手を差し伸べたのが徳川家康《とくがわいえやす》だった。家康にとっても、これは天下獲りの好機だったのだ。

こうして1584年（天正《てんしょう》12）、秀吉対家康・信雄連合軍で、小牧・長久手の戦いが行われた。この戦いにおいて秀吉率いる本隊は消極的に動き、一方で血気にはやった羽柴秀次《はしばひでつぐ》率いる別働隊が壊滅し、有力武将の池田恒興《いけだつねおき》が討ち取られるなど、兵数で劣る徳川軍の活躍が目立った。

秀吉の懐柔《かいじゅう》

しかし、戦いでは家康を圧倒することができないと見た秀吉は、軍事ではなく外交で決着をつけようとする。領地を保障することを条件に、家康を飛びこえて旗印となっていた信雄と和平を結び、家康から戦うための大義名分を奪い去ってしまったのである。

これには家康も軍を退くしかなくなり、そののちに家康と秀吉とのあいだにも和平が結ばれ、合戦で苦戦した秀吉が結局は実質的な勝利をつかむ形となった。これこそが、無意味に血を流すことを嫌い、外交の達人とされた秀吉の面目躍如《やくじょ》である。

エピソード

秀吉包囲網

柴田勝家《しばたかついえ》との賤ヶ岳《しずがたけ》の戦い、そして徳川家康との小牧・長久手の戦いと、秀吉は続け様に信長の後継者を目指すライバルと戦う。

しかも、秀吉に敵対したのはそれらのライバルたちだけではなかった。北陸の佐々成政《さっさなりまさ》や四国の長宗我部元親《ちょうそかべもとちか》、さらには紀州《きしゅう》の雑賀衆《さいがしゅう》・根来衆《ねごろしゅう》（ともに鉄砲を得意とした傭兵《ようへい》集団）といった勢力が勝家《かついえ》・家康の呼びかけに応えて秀吉に敵対したため、彼らにも注意を払いつつ戦う必要があったのである。

小牧・長久手の戦い

天下統一への道を邁進する秀吉は、
徳川家康との戦いで苦戦するものの見事に切り抜ける

賤ヶ岳の戦いによってライバルの柴田勝家を倒した秀吉は、いよいよ織田信長の後継者として自ら天下獲りに乗り出す

徳川家康

信長の同盟者だった家康、秀吉に対抗するべく動き出す

→ 大義名分として担ぎ出す →

織田信雄

秀吉による扱いの悪さに不満

↓

小牧・長久手の戦い1584年（天正12）

秀吉軍

- 攻めあぐねて倒せない
- 羽柴秀次率いる別働隊が積極的に攻撃
- 戦いでは勝利できず、信雄を抱き込もうとする

小牧山の戦い

長久手の戦い

密かに交渉

家康・信雄軍

- 本隊は小牧山に陣取る
- 羽柴軍の動きを読んで勝利。池田恒興を敗死させる
- 信雄、秀吉の誘いに乗って密かに講和を結んでしまう

↓

家康、戦い自体は有利に進めていたにもかかわらず、大義名分だった信雄を失って戦い続けられなくなる

その後も家康は秀吉への臣従を断り続ける

妹を妻として、母を人質として差し出す秀吉に折れ、二年後に上洛して秀吉に従うことになる

戦国時代の武具・3

種子島銃（火縄銃）
たねがしまじゅう（ひなわじゅう）

伝来した銃をもとに、日本の鍛冶屋たちが製造した銃。一丁一丁手作りのためにそれぞれ形が微妙に違った。最大射程距離は700m、戦場では300mから撃ち始め、実際の有効射程距離は100mほどであったという。

馬上筒
ばじょうづつ

戦国時代末期に登場した小型の火縄銃。名前のとおり馬上でも扱いやすいように作られたもので、戦国時代の拳銃である。その分射程距離も30mと短く、威力も低かったが、平和な江戸時代には護身用として使われるようになった。

焙烙火矢
ほうろくびや

半球形の銅製容器の中に火薬・鉄片・鉛玉を詰め込み、二つを貼り合わせて作った炸裂弾。戦国時代の手榴弾《しゆりゆうだん》といえる。銅製の焙烙《ほうろく》（土鍋）を使って作ったことからこの名前がついた。爆風や飛び出る鉛玉によって十分に殺傷力があった。

火縄銃の撃ち方

①銃口を上にして地面に立て、火薬入れから銃口に火薬を注ぐ。早合《はやごう》（必要なだけの火薬をまとめた火薬入れ）を使うと手早くなる。

②同じく銃口に弾丸を入れ、カルカ（銃口の下に収まっている棒）を銃口に突き込み、固める。このとき、突く回数は一度。

③鉄砲を水平に持ち直し、火皿に火薬を盛って、口薬《くちやく》入れからも火薬を入れる。

④火ばさみに火のついた火縄を取りつけ、構える。

⑤よく狙って撃つ。日本の火縄銃は銃床《じゆうしよう》が短く、頬に付けて撃つのが一般的。これは鎧を着ていたため。

革進的兵器

戦国時代を代表する武器といえば、ここで紹介する火薬を使った鉄砲や大砲といった飛び道具類である。

これらは製造するのに高度な技術力が必要だったり、輸入品であったりと入手するのが難しかったが、個人の能力にかかわらず高い威力を発揮する火器は合戦で非常に重要な存在であった。

そのため、多くの大名がわれ先にと買い集め、また生産地を支配しようとしたのである。

発射に使われた火薬は硝石《しょうせき》・硫黄《いおう》・木炭の混合物からなる黒色火薬で、硝石は当初海外からの輸入に頼っていたが、のちに国内で生産されるようになったという。

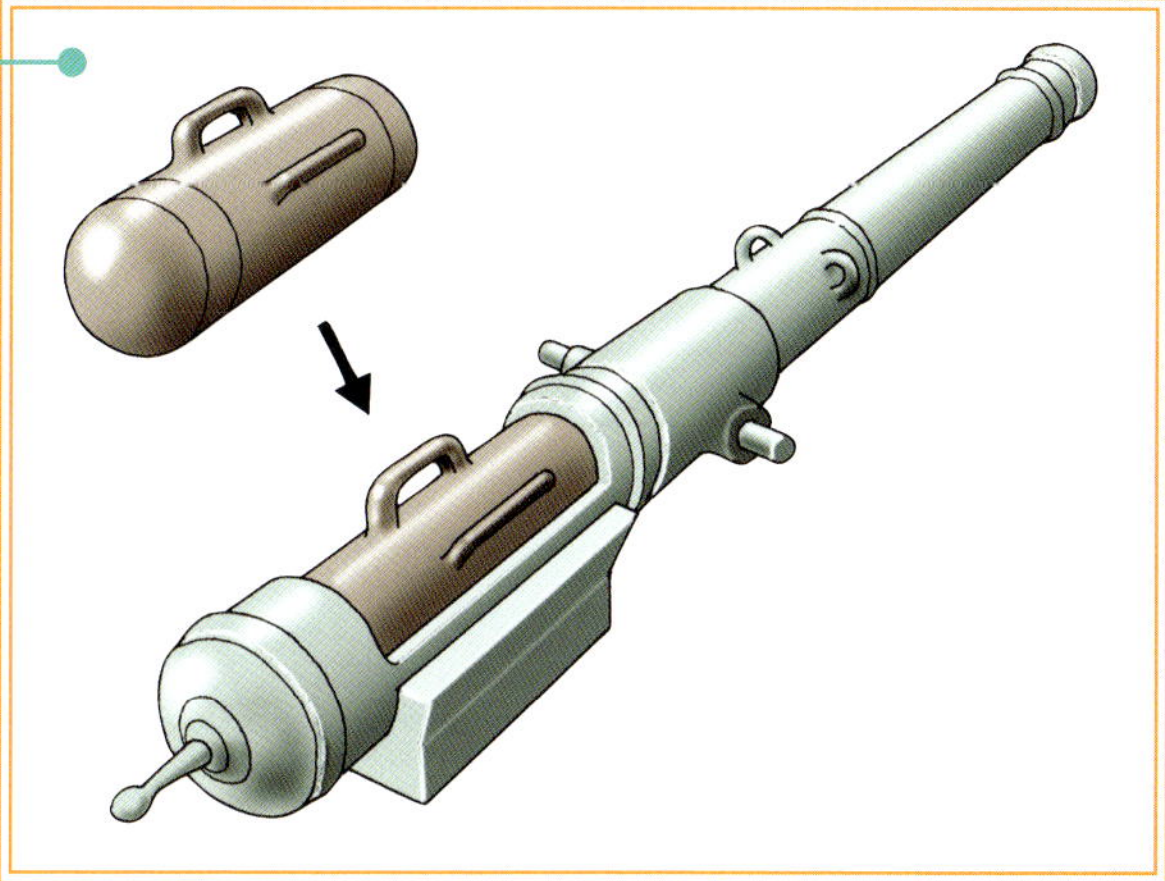

石火矢 いしびや

火縄銃とほぼ同時期に西洋から輸入された大砲。特徴としては火薬と弾丸を詰める部分（子砲）が分かれるようになっていて、一発撃つと取り外して次の子砲を収めることで連射性を高めていたこと。しかし、命中率がよくなかったことや、あくまで鉄や鉛の固まりを飛ばすだけで殺傷力が低かったことから、あまり普及はしなかった。

和製大砲 わせいたいほう

こちらは和製の大砲。文禄《ぶんろく》・慶長《けいちょう》の役で朝鮮・明《みん》軍の使う大砲に日本軍が苦戦したことから、それまで軽視されていた大砲が盛んに製造されるようになったのである。弾丸は先込め式で、図で示した物だと大体４００〜５００ｍが有効射程距離であったようだ。

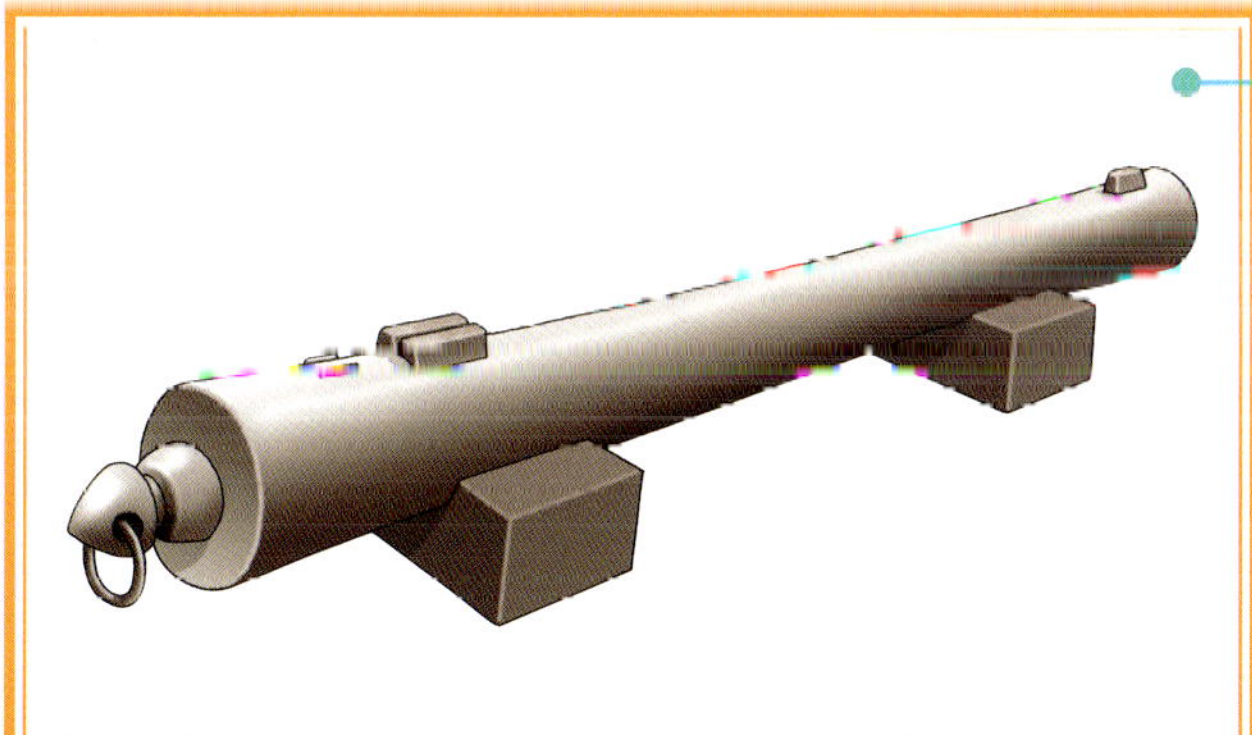

AD 1583〜1586

関白《かんぱく》・豊臣秀吉《とよとみひでよし》

三国無双の大坂城《おおざかじょう》

旧織田氏《おだし》の勢力を完全に掌握した羽柴秀吉《はしばひでよし》の象徴となったのが、織田信《おだのぶ》長《なが》が居城とした安土城《あづちじょう》以上の城――大坂城《おおさかじょう》である。かつて本願寺《ほんがんじ》があった場所に建てられたこの城は天下の名城として名高く、大友宗麟《おおともそうりん》がそのあまりの立派さに、「三国無双の城である」と称《たた》えたという逸話が残っている。

以後、大坂城は秀吉政権の中心地となり、大坂は日本有数の人口と経済規模を持つ都市へと成長していく。しかも、秀吉には天皇をこの地に迎える大坂遷都《せんと》計画すらあったのだが、こちらは実現しなかった。

関白宣下《せんげ》を受ける

百姓の息子からの成り上がり者である秀吉は、だからこそ自分を権威づけることに熱心だった。信長の家臣時代にも木下藤吉郎《きのしたとうきちろう》・羽柴秀吉《はしばひでよし》と名前を変え、信長の死後は平《たいら》や藤原《ふじわら》といった、より格の高い姓を名乗るようになっていく。

そして、そんな秀吉の権威欲の究極の結果が、関白・太政大臣《だいじょうだいじん》という、天皇を除けば最高の位《くらい》であり、朝廷から賜《たまわ》った豊臣《とよとみ》という新しい姓だった。こうして手に入れた城も位も姓も、すべては古くからの基盤を持たない秀吉が、確たる権威を求めた結果だったのではないだろうか。

豆知識

秀吉の幕府？

本来、武士の頂点といえば征夷大将軍《せいいたいしょうぐん》の地位につくことであり、幕府を開くことだった。もちろん秀吉も将軍になることを目標としていたのだが、実現しなかった。征夷大将軍になれるのは源氏《げんじ》の家系に連なる者だけであるという原則があったからだ。

秀吉はこのためにかつて信長と対立して京を追放された足利義昭《あしかがよしあき》に目をつけ、養子にしてくれるよう頼んだが断られたという。

そのため、秀吉の幕府は成立しなかったのである。

関白・豊臣秀吉

権威を求めた成り上がり者・秀吉がたどり着いたのは関白の位だった

秀吉は本能寺の変以来、立ちふさがるライバルを退けてきたが、武力によって外敵を倒すだけでは天下統一はできない

↓

合戦や降伏勧告をする大義名分の権威が必要

→ とくに秀吉は成り上がり者として権威が必要だった

ひとつの形 →

巨城・大坂城

秀吉は石山本願寺の跡地に巨大な大坂城を建築し、そこを本拠地とする

↓

三重の堀と運河を持つこの城は豊臣政権の象徴だった。

↓

足利義昭の養子になって源氏姓を得、征夷大将軍になろうとする
→ 断られる

そこで

武士としての頂点に立つのではなく、公家の頂点を目指す

↓

関白（成年した天皇を補佐する役職。天皇が幼少だと摂政）の座に着き、豊臣の姓を与えられる

↓ 関白の権威により

惣無事令《そうぶじれい》を発する

すべての大名は勝手に戦を起こしてはいけない

→ 大きな大義名分となる

秀吉の改姓遍歴

1537年	誕生。幼名は日吉丸。木下藤吉郎と名乗る
1573年	小谷城攻略の後、信長の許しを得て羽柴秀吉と名乗るように（「羽柴」は柴田勝家と丹羽長秀から一字ずつもらったものといわれている）
1582年	信長の死後に官位を得た際、家臣として平姓を名乗るように
1585年	豊臣姓をもらう前、二ヶ月だけ藤原姓を名乗る
1586年	朝廷から豊臣姓を与えられる

AD 1584~1589

奥州《おうしゅう》の独眼龍《どくがんりゅう》

若き当主

　１５８４年（天正《てんしょう》12）、陸奥国《むつのくに》の伊《だ》達《て》氏《し》ではまだ十九歳の政宗《まさむね》が父・輝《てる》宗《むね》から家督を譲られた。この頃の伊達氏は天文《てんぶん》の乱から続く内部分裂の影響を引きずっていたが、政宗の登場をきっかけに東北・奥州《おうしゅう》の覇者として飛躍していく。

　政宗の最初の正念場は、当主となった翌年の、父の死をきっかけとする人取橋《ひととりばし》の戦いだ。会津《あいづ》の蘆名《あしな》氏や常陸《ひたち》の佐竹《さたけ》氏による連合軍に、伊達軍は完全に圧倒される。このとき政宗の命もあやうくなるが、部下の必死の奮戦に救われ、状況の変化から連合軍が撤退して敗北を免れた。

独眼龍の飛翔

　佐竹・蘆名両氏と政宗の決着は、蘆名氏の本拠地・会津を政宗が攻撃した１５８９年（天正17）の摺上原《すりあげはら》の戦いでつく。このとき、蘆名氏は政宗が重臣を調略していたことなどから一枚岩とはいえない状況にあり、結局それが敗因となって敗北、滅亡するのだった。

　この勝利で勢いに乗った政宗はさらに勢力を拡大し、奥州の南半分を支配する大大名となった。しかし、この頃にはすでに豊臣秀吉《とよとみひでよし》が中央の覇権を確立させており、今度は強大な勢力を誇る秀吉を相手に戦うか臣従するかが問題となった。

エピソード

伊達の鬼姫

　政宗の母・義姫《よしひめ》は出羽《でわ》の最《も》上《がみ》氏の出身だったが、「奥羽《おうう》の鬼姫」と呼ばれるほど気性が激しい女性だった。伊達氏と最上氏が争ったとき、両軍のあいだに割り込んで戦をとめてしまったという逸話を持つほどである。

　そんな彼女は長男の政宗よりも次男の小次郎《こじろう》を愛しており、政宗を何度か毒殺しようとするなど、激しく対立したとされる。結果、政宗は弟を切腹させるしかなくなり、義姫は実家の最上氏に戻ることとなった。

1.政宗の登場

二代続いた父と子の対立によって一時衰退した伊達氏を、再び奥州の覇者へと押し上げたのは伊達政宗の登場だった。父・輝宗《はるむね》から十九歳で家督を譲られた政宗は、最上氏・佐竹氏・蘆名氏といった宿敵との戦いを繰り返して領土を広げ、わずか五年で奥州南を制圧する。しかし、彼が登場したのはすでに戦国時代も末期に近く、天下獲りは遠かった。

2.人取橋の戦い

あるとき、一度は降伏した二本松城の畠山《はたけやま》氏《し》が条件の食い違いから隠居していた輝宗を拉致し、その結果輝宗が死亡する、という事件が起きる。政宗は父の仇を討つために二本松城を攻めるが落とせず、その最中に佐竹・蘆名らの大軍に襲われてしまう。このとき、伊達側八千に対して連合軍は三万と多勢に無勢で、政宗は家臣の必死の働きによってどうにか逃げのびる。しかし、佐竹氏の事情によって連合軍は撤退し、戦いは引き分けに終わる。

3.摺上原の戦い

政宗と宿敵の蘆名氏・佐竹氏との決戦となったのがこの戦い。政宗は蘆名氏の重臣を寝返らせた上で会津に攻め込み、完膚無きまでに叩きのめした。さらにその勢いで黒川城に攻め寄せ、蘆名氏を滅亡させてしまう。この以前にも周辺の敵対勢力を次々と服従させていた政宗は、この勝利によって南奥州を支配下におき、奥州の覇者となった。しかし、このときにはすでに関白となった秀吉が惣無事令《そうぶじれい》を出していたために、政宗は新たな問題と相対することになる。

東北歴史略年表（摺上原の戦いまで）

1570年	津軽氏・秋田氏・南部氏・最上氏・伊達氏・蘆名氏・佐竹氏といった戦国大名が割拠
1584年	政宗、伊達氏当主に
1585年	伊達輝宗、畠山氏に拉致され、拉致者もろとも政宗に殺される ↓ 二本松城を攻撃 ↓ 人取橋の戦い
	伊達氏、周辺勢力を吸収して拡大
1589年	摺上原の戦い（蘆名・佐竹連合軍を撃破し、蘆名氏を滅亡させる）

鳥なき島

戦国時代の四国は、他の地方よりも波瀾《はらん》の少ない場所であった。島という地理的条件から外敵の干渉が少なく、内部にも有力な戦国大名があまり見られなかったのだ。そのため、織田信長《おだのぶなが》は四国を「鳥なき島」と呼んだ。

そんな四国で頭角を現したのが、土佐《とさ》の長宗我部《ちょうそかべ》氏《し》である。この一族は一度弱体化したのだが、国親《くにちか》が土佐の有力者・一条《いちじょう》氏《し》の助力を得て再興に成功する。その子・元親《もとちか》の代になるとさらに勢力を拡大し、1585年（天正《てんしょう》13）にほぼ四国を統一することに成功するのだった。

四国征伐《せいばつ》

だが、待望の統一から数週間後、四国に秀吉《ひでよし》の四国征伐軍が来襲する。元親は以前から秀吉と対立していて、中央を安定させたうえで毛利氏も臣従させた秀吉は、四国を次の目標としたのである。

秀吉の弟・秀長《ひでなが》の軍や、臣従したばかりの小早川隆景《こばやかわたかかげ》らの毛利氏などの大軍は、阿波《あわ》・讃岐《さぬき》・伊予《いよ》の三方向から四国に上陸した。元親はさすがに四国を統一した英雄だけあって果敢に戦ったが、圧倒的な兵力の差にはかなわず、降伏することとなる。結局、長宗我部氏の手に残ったのは土佐《とさ》一国だけだったのである。

合戦の姿

一領具足《いちりょうぐそく》

長宗我部氏の主力は一領具足と呼ばれた兵士たちだった。彼らは普段は農民として働いているのだが、領主によって動員されると一領（＝ひと揃い）の具足（＝武具）を身にまとって兵士へと早変わりした。このために、畑に出ているときもすぐ近くに武具を用意していたという。

一領具足たちは長宗我部氏の四国統一の原動力となったが、あくまで半分は農民であるために常に戦えるわけではないという欠点も持っていた。

1.鳥なき島のコウモリ

日本全国で戦いが行われた戦国時代の中で、四国は比較的有力な戦国大名が少なかった場所であったようだ。そのために織田信長は、土佐の一条氏への下克上によって頭角を現した長宗我部元親のことをある程度評価しながらも、「鳥なき島のコウモリである」（強い敵〈鳥〉がいないから飛び抜けて見えるだけだ）と評したという。それでも元親は勢力を伸ばし、1585年（天正13）には四国をほぼ統一することに成功するのだった。

2.三方よりの侵攻

元親は賤ヶ岳《しずがたけ》の戦いや小牧・長久手の戦いにおいて秀吉と敵対する側についており、そのために秀吉との関係は悪かった。そこで秀吉は本拠地の大坂に近いこの敵を排除するべく、兵を動かして三方から攻め込ませた。阿波国には秀吉の弟・秀長と甥の秀次、さらに参謀の黒田官兵衛らの五万、讃岐国には宇《う》喜多《きた》秀家《ひでいえ》の二万三千、そして伊予国にはすでに臣従していた毛利氏方の小早川隆景・吉川元春《きつかわもとはる》の三万、計十一万以上の大軍が四国に一気に攻め寄せたのである。

3.多勢に無勢

元親はさすがに四国を統一した英雄だけあって、多勢に無勢ながらもよく戦って秀吉軍をおおいに食い止めた。しかし、岩倉城の水攻めなどで活躍した黒田官兵衛を始めとする諸将の働きによって元親は追いつめられ、ついには降伏することになった。この決断が幸いして長宗我部氏は滅ぼされることはなく、土佐一国を与えられて以後秀吉に献身的に仕えるようになったのである。

AD 1585~1587

九州征伐《せいばつ》

九州の情勢

豊臣秀吉《とよとみひでよし》の全国統一が完成に近づいていた頃、九州はまさに島津氏《しまづし》によって制圧されようとしていた。九州三強を担っていた龍造寺《りゅうぞうじ》・大友《おおとも》の両氏がそれぞれ島津に敗れ、その勢力を大きく減らしていたのである。とくに大友氏は衰退が著しく、秀吉に仲裁を依頼して生きのびようとする。

この仲裁を島津氏が受け入れなかったため、１５８６年（天正《てんしょう》14）、秀吉はまず中国の毛利氏《もうりし》・四国の長宗我部氏《ちょうそかべし》を派遣した。九州征伐の始まりである。だが、この戦いは四国征伐のときのようにスムーズにはいかなかった。

豊臣軍の遠征

九州をほぼ制覇《せいは》しかけただけに、島津義久《しまづよしひさ》ら四兄弟は強かった。とくに長宗我部氏と大友氏の連合軍を相手にした戸次川《へじがわ》の戦いでは、豊臣側の団結力のなさを突いて大勝してみせたのである。

この情勢に業を煮やした秀吉は翌年九州征伐軍を再編し、さらに自分自身も出陣した。肥後《ひご》方面を秀吉が、日向《ひゅうが》方面を弟秀長が率いて二方向から攻め寄せたこの軍はなんと総勢二十万にもおよんだ。さしもの島津軍もこの物量にはかなわず、降伏。しかし、薩摩《さつま》・大隅《おおすみ》の二国を安堵され、以後も大大名として残ったのだ。

合戦の姿

釣り野伏せ

島津軍が得意とした戦法に、「釣り野伏せ（釣り野伏せり）」というものがあった。まず囮《おとり》部隊が敵の前に出たのちに退却し、伏兵が待ちかまえているところまで敵をおびき寄せる。しかるのちに伏兵と囮部隊が一斉攻撃する、という戦法だ。

とくに島津氏はこの伏兵に鉄砲を持たせていたことから効果が抜群だった。鉄砲の伝来地である種子島を領地の中に持っていることから鉄砲の使い方に詳しく、数も多く持っていたのである。

1.島津の奮戦

九州統一まであと一歩に迫った島津氏に対し、大友宗麟《おおともそうりん》は豊臣秀吉に救援を求めた。これに応えた秀吉は長宗我部氏を始めとする四国勢を援軍に向かわせる。ところが、大友氏内部の内紛などもあって豊臣方は息が合わず、島津氏の前に苦戦する。とくに戸次川の戦いでは豊臣方は島津の「釣り野伏せ」の前に大敗し、長宗我部の嫡男・信親を始めとする多くの将と兵を失うことになった。

2.秀吉、自ら出陣

九州征伐が進まないことに業を煮やした秀吉は、自ら兵を率いて九州に赴く。このとき、肥後方面を自ら指揮し、日向方面は弟の秀長に指揮させ、総勢二十万の大軍によって島津軍を圧倒した。さすがの島津もこの物量の前には対抗できず、また北九州における島津の支配は国人たちが臣従していただけにすぎなかったこともあり、またたく間に豊臣軍は九州を南下していった。

豊臣秀吉

豊臣秀長

島津義久

3.九州鎮圧

秀吉が西へに出兵してから二ヶ月、ついに豊臣軍は薩摩にまで侵攻してきた。ここに至って島津義久は豊臣方に降伏して秀吉の軍門に降《くだ》った。その後も義弘ら一部の者が反抗を続けたが義久の説得によって彼らも降伏し、島津氏は旧来の領地である薩摩と大隅の二国が安堵された。

おもな働きをした人物

土佐

長宗我部元親《ちょうそかべもとちか》

生没 1538(天文7)~1599(慶長4)
別称 土佐守・弥三郎
本拠 土佐岡豊城→土佐大高坂城→土佐浦戸城

長宗我部氏の当主。父・国親《くにちか》の跡を継いで戦いに明け暮れ、四国を統一した直後に対立していた豊臣秀吉《とよとみひでよし》の大軍に攻撃を受けて善戦するも降伏した。彼のことを織田《おだ》信長《のぶなが》は「鳥なき島のコウモリ」と呼び、他に有力な武将のいない四国だから成功しているのだ、と示唆したという。

尾張

豊臣秀長《とよとみひでなが》

生没 1540(天文9)~1591(天正19)
別称 大納言・小一郎・羽柴秀長
本拠 但馬出石城→播磨姫路城→大和郡山城

豊臣秀吉の弟。文武両面の才覚を持ち合わせると同時に、温厚な人柄のおかげで兄や諸大名に頼られ、豊臣氏を支える縁の下の力持ちだった。四国・九州征伐でも活躍しているが、小田原《おだわら》出兵の頃に病に倒れ、病没する。この秀長の死は、豊臣政権が倒れる前触れだったとされる。

薩摩

島津義久《しまづよしひさ》

生没 1533(天文2)～1611(慶長16)
別称 修理大夫・虎寿丸・三郎・左衛門尉・竜伯
本拠 薩摩内城

九州三強のひとつ、島津氏の当主。義久とその三人の兄弟の時代、島津家は大きく躍進した。耳川《みみかわ》の戦いでは大《おお》友宗麟《ともそうりん》の、沖田畷《おきたなわて》の戦いでは龍造寺隆信《りゅうぞうじたかのぶ》の、それぞれが率いる大軍に対して島津氏が得意とする伏兵戦術を最大限に活用して立ち向かい、見事に勝利しているのは特筆すべき点である。その後、豊臣秀吉の九州征伐に対しては抵抗したのちに降伏し、領地を保った。

播磨

黒田官兵衛《くろだかんべえ》

生没 1546(天文15)～1604(慶長9)
別称 万吉・勘解由・孝隆・如水
本拠 播磨姫路城→播磨府山城→山城山崎城→豊前中津城

「官兵衛」は通称で、隠居後の「如水《じょすい》」という名前でも有名。最初は中国地方の小大名小寺《こでら》氏に仕えるが、のちに豊臣秀吉の軍師となる。もうひとりの軍師・竹中半兵衛《たけなかはんべえ》とともに「両兵衛《りょうべえ》」と並び称され、秀吉の天下統一に貢献するが、晩年は疎《うと》まれた。その後隠居、関ケ原《せきがはら》の戦いの際には九州を制圧して天下を狙おうとしたが、あまりにも短期間に合戦が終わったために成功しなかった。

AD 1590

小田原合戦《おだわら》

空前絶後の大軍

中国の毛利輝元《もうりてるもと》・四国の長宗我部《ちょうそかべ》元親《もとちか》・九州の島津義久《しまづよしひさ》といった西国の大大名たちをみな臣従させると、いよいよ豊臣秀吉《とよとみひでよし》の目は関東の北条《ほうじょう》氏《し》に向いた。関白《かんぱく》の権威で臣従を求める秀吉に対して、当主北条氏直《ほうじょううじなお》とその父の氏政《うじまさ》は断固拒否し、1590年（天正《てんしょう》18）、小田原合戦の火蓋は切って落とされたのである。

このときに秀吉が動員した大軍は、空前にして絶後の規模だった。陸上からは豊臣・徳川《とくがわ》・前田《まえだ》・上杉《うえすぎ》・真田《さなだ》らの軍勢が進軍し、さらに長宗我部《ちょうそかべ》らは水軍を引き連れて海上から来襲《らいしゅう》したのである。

天下統一

小田原城はかつて上杉謙信《うえすぎけんしん》や武田信玄《たけだしんげん》の攻撃にも耐えた天下の名城だったが、約二十万ともされる大軍の前にはさすがに多勢に無勢だった。秀吉も無理に攻めようとはせず、茶会や宴会を開きながら北条氏の降伏を待ったという。その読みどおりに三ヶ月後、氏政・氏直父子は降伏したのである。

さらに秀吉は、奥州《おうしゅう》の諸大名に対して、北条攻めに参加したか否かで領地の没収・再配置・保障などを行う。この結果、秀吉に表立って逆らう大名はひとりもいなくなり、ついに百姓からの成り上がり者・豊臣秀吉が、天下統一を果たしたのである。

エピソード

伊達の帰参

この頃、秀吉に刃向かう二大勢力は関東の北条氏と奥州の伊達《だて》氏であった。北条征伐に向かう際に、秀吉は伊達政宗《だてまさむね》にも軍を率いて参加するよう命令した。これに対し、政宗は悩んだ末に家臣のすすめもあって小田原に赴き、秀吉への臣従の姿勢を見せた。

このとき、政宗は白装束を着て赴き、また茶の道への興味などを示すなど、自分の決意や不敵さを表してみせた。この態度を気に入った秀吉は政宗の臣従を受け入れたのである。

小田原合戦

西国を平らげた秀吉は、英雄たちの誰もが落とせなかった
小田原城まで攻め落として、天下人となる

多くの大大名が秀吉に従い、残ったのは関東と東北だけ
→ 関東の北条氏、挑発に乗って名胡桃城《なぐるみじょう》を攻撃

↓

小田原合戦
1590年（天正18）

豊臣軍

本隊
秀吉自身を始め、徳川氏・毛利氏など多数の大名が参加

北国勢
前田氏・上杉氏・真田氏ら

水軍
長宗我部氏・九鬼氏ら

→ 計二十万以上の大軍で小田原城を包囲

対立

北条氏政・氏直

堅城・小田原城に籠城して防衛しようとする

ところが

あまりの大軍を前にして、内部崩壊が始まって降伏

臣従

伊達政宗

当初は秀吉に反発したが、小田原攻めに参加する
↓
政宗の堂々とした態度を気に入った秀吉が許す

↓

北条氏は倒れ、伊達氏は臣従。奥州の諸大名も支配下とする
↓
秀吉、ついに天下統一を達成する

小田原合戦の様子

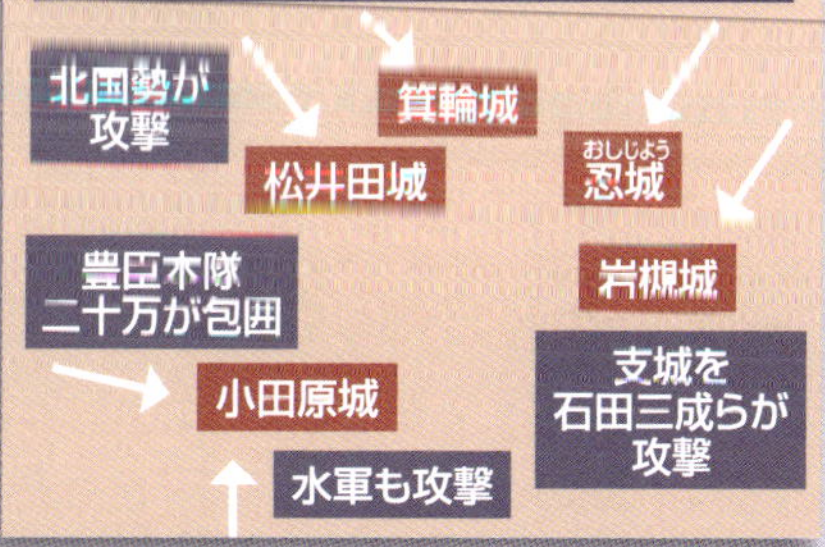

AD
1582~1598

秀吉《ひでよし》の政治

太閤検地《たいこうけんち》

天下統一を完成させた豊臣《とよとみ》秀吉は、その支配を万全のものとするために様々な政策を行っていく。中でも代表的なもののひとつが太閤検地だ。

検地とは字のとおり、地、つまり田を検査することであり、その土地がどれだけの米を生産するかを調べることだ。秀吉は新しい支配地ごとにこれを徹底的に行った。

秀吉は山奥から海の果てまでを検地しつくさせ、妨害する国人や農民などの有力者を排除した。その結果、複雑だった土地制度を整理し、農民たちを直接把握、かつ支配できるような政治体制を作りあげたのである。

刀狩《かたながり》

もうひとつ、刀狩も重要な意味を持つ政策だった。当時の農民たちは、半農半兵だったり自衛のためだったりと、少なからぬ量の武器を隠し持っていた。これは武士と農民の境目がハッキリとしていなかったことを意味している。

秀吉は「大仏を作るための材料にする」といった理由で農民たちから武器を取りあげ、武士による支配をより完全な形にしようとしたのである。このときに相当な量の武器が回収されたが、農村に蓄えられた武器は膨大な量であり、完全に取りあげるというわけにはいかなかったようだ。

豆知識

バテレン追放令

秀吉は織田信長《おだのぶなが》の例にならって、当初キリスト教に寛容な姿勢を見せていた。南蛮渡来の技術や物品に大きな価値を認めていたからだ。

しかし、キリシタン大名の多い九州でキリスト教信仰の現状を目の当たりにすると、その方針を変更する。キリスト教は日本にとって危険であるとし、バテレン追放令を発したのである。だが、南蛮貿易はそのまま禁止しなかったため、結局は実効性のない不徹底なものとなったようだ。

秀吉の政治

秀吉は信長の政治を継承し、さらに太閤検地と刀狩によって
自らの支配を強固に確立させようとした

太閤検地

検地 田の広さと米の取れ高を調べること

↓

秀吉は支配地を増やすたびにそこを厳格に検地した（秀吉以前の検地は自己申告制の緩いもの（差し出し検地）だったという）

↓

荘園制が崩壊して複雑な土地制度が整理され、農民を直接把握できるようになった

太閤検地の特徴

度量衡《どりょうこう》（はかりの単位）を統一し、石高制（どれだけの米が取れるかの基準）を採用し、徹底的に調査して隠し田も見つけた

刀狩

当時、農民と武士の境目は曖昧で、半農半兵が普通だった
↳ 農民たちが独自に持っていた武器を没収する

名目

- 大仏の材料にして、農民たちがあの世で救われるようにする
- 農民は武器ではなく農具を持って畑仕事に専念することが幸せだ

実際の狙い

武士と農民の境目を明確にして、社会の安定を目指した

しかし

出回っていた武器そのものの多さなどから、徹底はしなかったようだ

↓

農民の支配と兵農分離によって、武士に武力を集中させる

↳ 安定した支配体制を作る

AD
1592～1597

文《ぶん》禄《ろく》・慶《けい》長《ちょう》の役

野心、国外へ

豊臣秀吉《とよとみひでよし》の野心は日本国内だけでは収まらず、ついには国外へと向けられた。１５９２年（文禄元《ぶんろく》）、九州の大名を中心とした遠征軍を編成し、朝鮮の釜山《プサン》を攻撃したのである。これは朝鮮を通って中国・明《みん》に侵攻する、秀吉の作りあげた壮大な計画の一環であった。

当初、朝鮮側は準備ができておらず、一気に首都の漢城まで攻め落とされてしまう。しかし、李舜臣《りしゅんしん》率いる朝鮮水軍が日本水軍を破って補給路を断ち、さらに明からの援軍が到着すると、戦闘は膠着《こうちゃく》状態に陥り、和平が結ばれることとなった。

遠征の失敗

しかし、この交渉の際に日本・中国双方の交渉担当者が、ことを穏便に済ませようと互いの主に「相手が降伏した」と偽りの報告をしたことから、和平が破れてしまう。

１５９７年（慶長２）、秀吉は再び遠征軍を朝鮮に派遣する。しかし、なかなか思ったような結果が得られないことと、朝鮮軍の兵糧攻めによって、軍全体の士気が低下してしまう。

結局、翌年に秀吉が病死したことをきっかけに、日本軍は朝鮮より撤退した。この二度の出兵は年号からそれぞれ文禄・慶長の役と呼ばれるようになった。

豆知識

戦国時代の中国・朝鮮

この頃、中国は明王朝の時代だった。朱元璋《しゅげんしょう》がモンゴル民族の元《げん》王朝を倒して１３６８年に建国したこの王朝は、１６４４年に滅亡して満州族の清《しん》王朝に取って代わられる前の最後の漢民族王朝である。

一方、朝鮮は李《り》氏朝鮮と呼ばれる李王朝の時代だった。こちらはその前に朝鮮にあった高麗《こうらい》という国の武将・李成《りせい》桂《けい》が１３９２年に建てた国で、１９１０年まで残ったが、日本に併合されて消滅する。こちらも朝鮮最後の王朝である。

1.文禄の役

秀吉は関白となった直後からすでに、「日本国だけでなく唐国《からくに》（中国）まで～」という手紙を書いており、外国を侵略する野望をっていた。そして、その野心をかなえるために肥前《ひぜん》に名護屋《なごや》城を建設し、そこを拠点に中国・四国・九州のほとんどの大名による十六万もの兵を朝鮮へ送り込んだのである。これが文禄の役（朝鮮では壬申倭乱《じんしんわらん》と書く）だ。秀吉の目的は朝鮮を通り道に明へと攻め込むことであり、実際に当初は快進撃を続ける日本軍が李王朝の首都・漢城と、遷都《せんと》した平壌を続けざまに占領してしまう。しかし、そこからは明の援軍に行く手を阻まれ、各地の民衆反乱に悩まされ、李舜臣率いる朝鮮水軍に補給路を断たれ、次第に苦戦するようになった。

2.偽りの和平交渉

戦線が膠着したことから日本と朝鮮は和平交渉を始めたのだが、ここでそれぞれの主君と交渉担当者（日本側は小西行長《こにしゆきなが》・石田三成など）の意識のズレが問題になった。秀吉も明も互いに相手を侮っていた（そもそも、秀吉が明を征服しようとしたのも、その無知から来ていた部分が大きいようだ）ために、「相手が降伏した」という証を求めた。これに困った行長らは偽の降伏文書まで作ったのだが、結局秀吉は真実を知って激怒し、再び朝鮮への出兵を命じることになるのだった。

明・李氏朝鮮の歴史

1368年	朱元璋が元を北に追いやり、明を建国
1392年	李成桂、高麗を滅ぼして李氏朝鮮を建国
1592～98年	明、文禄・慶長の役での出費で国が傾く
1644年	明、反乱軍によって滅ぼされ、その後に清が中国統一
1910年	日韓併合により李氏朝鮮（当時は大韓帝国）消滅

3.慶長の役

二度目の朝鮮出兵に、秀吉は十四万の兵を送り込んだ。これが慶長の役（朝鮮では丁酉再乱《ていゆうさいらん》と書く）である。この戦いでも最初は前回苦しめられた水軍をおおいに破るなど戦果を上げるが、明・朝鮮の反撃によって再び追いつめられる。こうして長く続いた実りのない戦いに武将も兵士もその多くが気力を失って撤退を主張するが、秀吉はあくまで戦い続けることを命じる。結局、日本軍の撤退によって戦いが終結したのは、秀吉の病死後であった。

ミニ知識

戦国に花開く文化

戦国時代は戦《いくさ》のやまない殺伐《さつばつ》とした時代だったが、その一方で新しい文化や風俗、遊戯《ゆうぎ》などが流行した時代でもあった。武士たちは戦に明け暮れる日々の中で、学問や文章に親しみ、芸能や絵画などを追うことで、息抜きを求めたのである。そこで、このコラムではそうした戦国時代に花開いた文化について紹介する。

織田信長《おだのぶなが》が主導する形で大きく流行したのが茶道である。信長は千利休《せんのりきゅう》・今井《いまい》宗久《そうきゅう》・津田宗及《つだそうぎゅう》といった茶人たちと接近し、何度も茶会を開いた。

そこでは信長が収集した名物（有名・高名な茶道具）が披露され、その権威を視覚的に強調するとともに、部下たちに恩賞として分け与えられ、家臣団の結束を強めた。信長は茶を政治的に利用したのである。こうした傾向は続く豊臣秀吉《とよとみひでよし》にも継承され、茶道はより発展していったのである。

この時代に原型が誕生したのが歌舞伎《かぶき》である。出雲大社《いずもたいしゃ》の巫女《みこ》とされる出雲の阿国《おくに》という女性が始めた男装して茶屋遊びに通う伊達男を演じる演目が評判となり、これを真似た芝居が遊女《ゆうじょ》によって盛んに演じられるようになった。これが遊《ゆう》女歌舞伎《じょかぶき》である。

しかし、これは風紀の乱れを理由に禁止され、現在見られるような野郎歌舞伎《やろうかぶき》になっていったのだ。

武士たちの風雅《ふうが》や嗜《たし》みは、当然のことながら自分たちの戦いの道具である甲冑《かっちゅう》や兜《かぶと》、旗指物《はたさしもの》にも現れた。これらのものは彼らにとっての武門の誇りそのものであり、自分の存在を外に表現する道具でもあった。

そのため、奇抜な意匠や飾りが付いて遠目からでも誰それとわかるような兜や甲冑がある一方で、落ち着いて風雅な印象を与える物も数多くある。こうした傾向は旗指物でも同じで、流麗《りゅうれい》な字体と文章の旗と奇抜な紋様の旗が戦場では同居していたのである。

また、旅行が庶民のあいだに定着し始めたのも戦国時代の後半のことであった。彼らは「講《こう》」を作り、お金や米を出し合っての貸し付け業を行って、それによる利益によって伊勢神宮《いせじんぐう》や富士山などの霊場参りをしたのである。

こうして旅行という文化が広まるようになったのだが、そこにあるのは現代の旅行のような物見遊山ではなく、あくまで信仰に基づくものであったようだ。

5章

徳川家康の決断

1598年（慶長《けいちょう》3） 豊臣秀吉《とよとみひでよし》、五大老にあとを託して死ぬ

秀吉の死により、慶長の役が終結する

1599年（慶長4） 徳川家康《とくがわいえやす》、婚姻政策《こんいんせいさく》により勢力を広げる

前田利家《まえだとしいえ》が病没し、豊臣政権は押さえを失う

武断派諸将が石田三成《いしだみつなり》暗殺を計画するも、家康の取りなしによって治まる

1600年（慶長5） 家康、五大老のひとり・上杉景勝《うえすぎかげかつ》に謀反の疑いありとして、諸将を率い出陣（上杉征伐）

三成、毛利輝元《もうりてるもと》を総大将に挙兵する

家康、三成の挙兵を受けて軍議を開き、諸将の意見を三成打倒で統一する

家康率いる東軍と三成率いる西軍が激突し、味方の裏切りにより西軍敗北（関ヶ原《せきがはら》の戦い）

1603年（慶長8） 家康、征夷大将軍《せいいたいしょうぐん》となって江戸《えど》幕府を開く

1605年（慶長10） 家康の子秀忠《ひでただ》が将軍を継ぐ一方で、家康は大御所《おおごしょ》として政治の実権を握る

1614年（慶長19） 豊臣氏、幕府のいいがかりに憤慨して対立姿勢を激化させる（方広寺鐘銘《ほうこうじしょうめい》事件）

幕府軍が大坂城《おおさかじょう》を攻撃。和平が結ばれるが、取り決めを破り堀が埋められる（大坂冬の陣）

1615年（慶長《けいちょう》20） 豊臣氏とそれに味方する浪人衆、奮戦するも大坂城に滅亡する（大阪夏の陣）

幕府が武家諸法度《ぶけしょはっと》および、禁中並公家諸法度《きんちゅうならびにくげしょはっと》を公布する

1615年（元和《げんな》元） 「元和偃武《げんなえんぶ》」の時代が到来する

1616年（元和2） 家康、病没する

AD
~1598

秀吉《ひでよし》の死

後継者に恵まれず

豊臣秀吉《とよとみひでよし》は後継者になかなか恵まれなかった天下人だ。正室のねねとのあいだにはついに子が生まれず、側室の淀殿《よどどの》が生んだ鶴松《つるまつ》はわずか三歳で病没してしまう。

そこで秀吉は、姉の子の秀次《ひでつぐ》を養子にして、自分の後継者にしようと関白の地位まで譲るのだが、これがさらなる問題の種になる。淀殿が次男・秀頼《ひでより》を出産したのだ。生まれた子を大変に偏愛した秀吉は、一旦は後継者に決めた秀次を疎《うと》むようになる。そして、ついには謀反を企んだとして、秀次を一族ごと粛清してしまったのである。

遺された問題

そして1598年（慶長《けいちょう》3）に秀吉は、徳川家康《とくがわいえやす》や前田利家《まえだとしいえ》といった大大名たちに後事と秀頼のことを託して病没する。その後、政治は五大老・五奉行という重臣たちによる合議制で運営されることになったが、この体制はほとんどすぐに崩壊してしまう。

秀吉の死をきっかけに、長いあいだ機会をうかがっていた男――徳川家康がついに動き出したのだ。そして、その動きに応えるかのように強力な支配者を失った豊臣政権はまもなく崩壊を始め、戦国時代は最後の転換の時期を迎えるのである。

エピソード

「殺生《せっしょう》関白」

豊臣政権を継ぐはずだった男、豊臣秀次。秀頼の誕生によって立場があやうくなると、自分の将来を不安に思うあまり精神的に追いつめられていく。その結果、むやみに人を殺し、女色に溺《おぼ》れるなど奇行が目立つようになる。

そんな秀次を人々は「殺生関白」（摂政関白のもじり）と呼んで恐れ、秀吉が粛清したのもそのためだった……と一般的に知られている。しかし、この奇行は秀次を排除するための創作だったという説もある。

秀吉の死

政治を動かす力を持った後継者を残せずに秀吉が死に、戦国時代は最後の動乱を迎える

豊臣秀吉は信長《のぶなが》の天下獲りを継承して完成させたが、子には恵まれなかった → **子供が生まれるか否かは政権維持の大問題**

↓ **そこで**

甥の秀次を養子に迎えて関白の座につけ、後継者とする **しかし** → 淀殿が秀吉の子（秀頼）を出産してしまう

↓

秀次、一族もろとも処刑される
（奇行の末ともされるが定かではない）

↓

1598年（慶長3） 秀吉、幼い秀頼を残したまま、病死する

このとき、有能な親族がほとんど残っていなかったことが豊臣家衰退の原因とされる

↓

以後、重臣たちが合議制によって政治を行っていく

五大老（有力大名）

前田利家
宇喜多秀家《うきたひでもり》
毛利輝元《もうりてるもと》
小早川隆景《こばやかわたかかげ》（死後に上杉景勝《うえすぎかげかつ》）
徳川家康

五奉行（秀吉子飼いの官僚）

浅野長政《あさのながまさ》（司法担当）
石田三成《いしだみつなり》（行政担当）
増田長盛《ましたながもり》（土木担当）
長束正家《ながつかまさいえ》（財政担当）
前田玄以《まえだげんい》（宗教担当）

徳川家康 → 天下を目指して、豊臣政権の切り崩しに動きだす

AD 1598～1600

豊臣《とよとみ》政権の内部分裂

武断派《ぶだんは》と文治派《ぶんちは》

豊臣秀吉《とよとみひでよし》の生前はなんとかまとまっていた豊臣政権は、その死後に分裂を始める。加藤清正《かとうきよまさ》・福島正則《ふくしままさのり》といった武将たちの武断派と、石田三成《いしだみつなり》ら官僚たちの文治派が、朝鮮出兵の失敗をきっかけに対立を始めたのだ。

もともと、自分たちこそが天下統一を成し遂げたのだと考える武将たちにとって、戦場の功績もないのに政治を取りしきる官僚たちは鼻持ちならない存在だった。これは逆もいえ、両派の関係は急激に悪化して、秀頼の守役でもある重鎮・前田利家《まえだとしいえ》の存在によってどうにか内部分裂が抑えられていたのである。

三成の奇策

ところが秀吉の死の翌年、利家まで病没してしまう。この頃、三成は大坂城《おおざかじょう》内の前田屋敷で利家の病状を見守りつつ、武断派の攻撃から逃れていた。しかし、利家が死んでしまってはここも安全ではない。

そこで三成はあえて徳川家康《とくがわいえやす》に保護を求める。自分が天下を獲るべく動き始めていた家康は、豊臣氏を守りたい三成にとってはある意味で最大の敵だった。しかし、家康にとっては豊臣内部が分裂してくれている方が都合がよく、この頼みを受け入れる。こうして三成は命を拾ったのである。

エピソード

家康の暗躍

秀吉の死後、家康は豊臣政権を打破して自分の政権を打ち立てるべく、密かに行動を始めている。

秀吉は生前に大名同士が婚姻《こんいん》を行う際には届け出をしなくてはならない、という命令を出して派閥が不必要に巨大化するのを防いでいたのだが、家康はこれを公然と無視した。伊達政宗《だてまさむね》の娘と自分の息子を結婚させ、福島正則の息子に自分の養女を嫁《とつ》がせるなど、有力大名たちを次々と婚姻政策で自分の味方に取り込んでいったのだ。

豊臣家の内部分裂

武将と官僚の争いと、それにつけ込む家康の動きが豊臣政権を着実に脅かしていく

秀吉の死

豊臣政権は要を失う

元からの不和

特に朝鮮出兵の恩賞や補給の件で不満つのる

徳川家康の策謀

秀吉の命令を破って武断派と関係を深める

↓

文治派

五奉行の筆頭・石田三成を始めとする官僚たち

⇔ **対立** ⇔

武断派

福島正則・加藤清正を始めとする武将たち

その上

↓

抑え役だった前田利家まで病死

↓

三成

間一髪で助かると、家康の屋敷に逃げ込む

あえて頼る →

家康

三成を受け入れ、謹慎させて武断派の武将たちを抑える

← **なだめる**

武断派

七人（九人とも）の大名、利家の庇護のなくなった三成暗殺を計画

襲撃計画 →（三成）

↓

豊臣政権内部の分裂は続き、関ヶ原の戦いへとつながる

AD 1600

関《せき》ヶ《が》原《はら》の戦い（上《うえ》杉《すぎ》征《せい》伐《ばつ》）

関ヶ原の序章

1600年（慶長《けいちょう》5）、五大老のひとりである上杉景勝《うえすぎかげかつ》は中央を離れて本拠地に戻り、領地経営に専念していた。越後《えちご》から会津《あいづ》に領地を替えられたばかりだったため、やらなくてはならないことは幾らでもあったのである。ところが、ここで思いもよらぬことが起きた。

なんと、徳川家康《とくがわいえやす》が「上杉景勝が謀反を企んでいる」との嫌疑をかけ、申し開きのために上洛《じょうらく》するよう求めてきたのである。景勝がこの強引な命令に応えなかったため、家康は諸大名の軍を率いて上杉征伐に出発したのだった。

三成《みつなり》、挙兵す

この出陣は、石田三成《いしだみつなり》を筆頭とする反家康派にとっても好機となった。豊臣《とよとみ》政権の継続のためには家康を排除しなくてはならないと信じる三成は、毛利輝元《もうりてるもと》を総大将として担ぎ上げ、ついに挙兵へと踏み切った。

三成が伏見城《ふしみじょう》を攻撃しているという報を聞いた家康は、軍議を開いてこのあとどうするかを諸大名に問いかける。当然、福島正則《ふくしままさのり》を始めとする武断派の大名たちが「三成こそ討つべし」と発言し、上杉攻めは中止に。かくして、家康側（東軍）と三成側（西軍）による天下分け目の決戦が始まる。

エピソード

直《なお》江《え》状《じょう》

上杉氏の謀反疑惑は証拠に乏しく、三成らを挙兵させるための口実だったという。これに対して、景勝の重臣・直《なお》江《え》兼続《かねつぐ》は家康の意図を真っ向から非難し、それでもまだなにかいってくるなら一戦も辞さない、と「直江状」と呼ばれる手紙の中で宣言している。

後世に知られている文面自体は偽書の疑いがあるが、兼続の手紙を読んだ家康が激怒したという記録があり、伝わっているものと似た内容の手紙は確かにあったようだ。

1.上杉景勝、上洛を拒否

婚姻政策などで着実に影響力を広げていく徳川家康が目をつけたのは、本拠地の会津に戻っていた五大老のひとり、上杉景勝だった。景勝が領地経営の一環として行っていた築城などを「謀反のための準備である」と疑惑を投げかけ、釈明のために上洛するよう命じたのだ。これに対して景勝は「いいがかりである」として断固拒否し、家康は諸大名を率いて上杉氏を征伐するべく大坂《おおざか》を出発した。この動きが関ヶ原の戦いの始まりを告げることになる。

3.三成討つべし!

三成が伏見城を攻めている、という報が届いたのは、家康らが下野《しもつけ》の小山《おやま》にやってきたときのことだった。ここで家康は諸大名を集めて軍議を開き、このあとどうするべきかを彼らに問う。これに対してもともと家康と親しいものの景勝への疑いはいいがかりに近いと感じ、三成こそが豊臣家の害であると考えていた武将たちは、「三成こそ討つべし」と盛んにいう。このとき、真っ先に発言した福島正則は実は家康とあらかじめ打ち合わせをしていたともいうから、この結果は家康の思惑どおりであったのだろう。こうして関ヶ原の戦いの準備は整ったのである。

2.西軍の挙兵

家康が上杉を征伐するべく大坂を離れたのは、石田三成を始めとする家康を危険視する人々の目に好機と映った。安国寺恵瓊《あんこくじえけい》を通して毛利輝元を味方に引き入れて総大将とし、親友だが本来は家康方に付くつもりだった大谷吉継《おおたによしつぐ》を説得して味方を集めると、大坂で挙兵して徳川方の伏見城を攻撃したのである。

戦国時代の武具・4

安宅船

あたけぶね

強大で重厚な武装を備え、戦艦の役割を持った大型船。広い艦上には盾になる板が張りめぐらせた総矢倉《そうやぐら》が作られ、そのあいだに空けられた隙間から弓や鉄砲、大砲を撃つことができた。帆もあったが基本的には人力で漕《こ》いで進み、五十～百五十くらいの櫂《かい》（オール）を備えつけていた。

関船

せきぶね

早船《はやぶね》ともいう中規模の軍船。安宅船よりは攻撃力・防御力ともに落ちる代わりに小回りが利いた。江戸時代になると諸大名は安宅船を持てなくなったため、この船が一番大きいものとなった。定義はハッキリしないが、安宅船と関船の中間で、櫂の数が四十～八十くらいのものともされる。

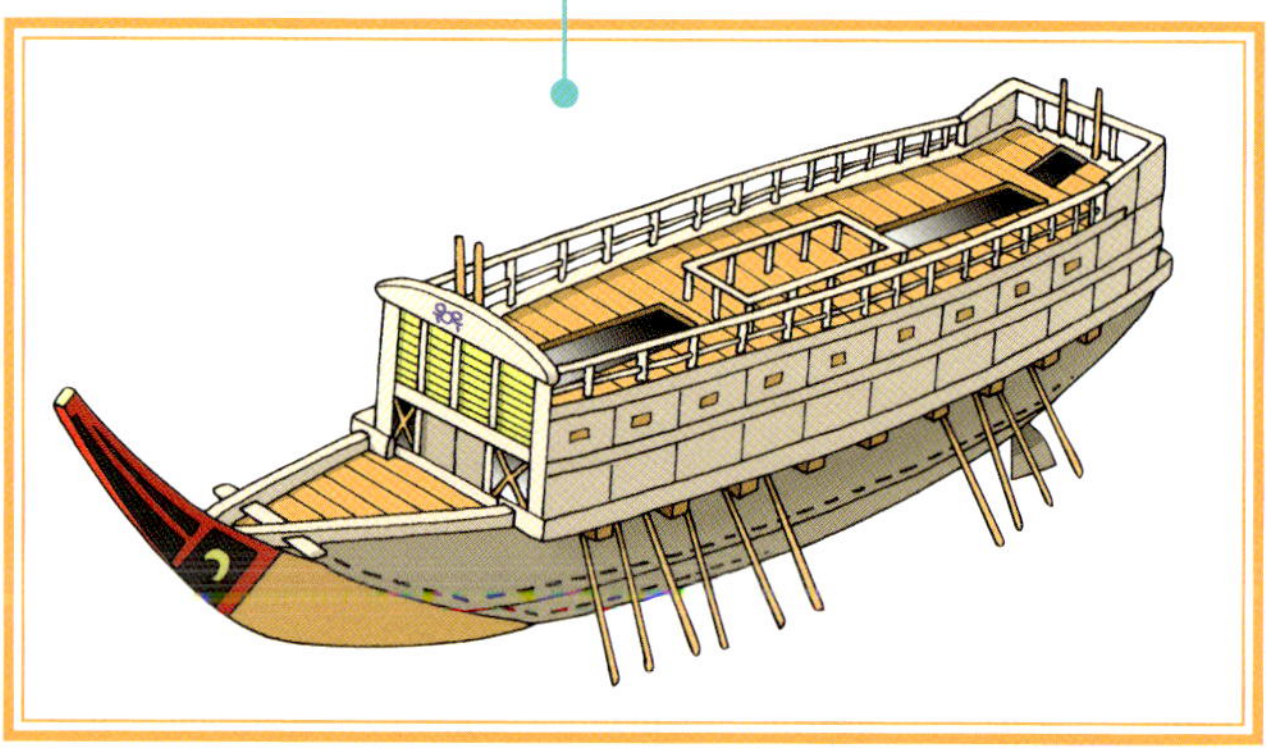

水軍の活躍

戦国時代の海戦に使用されたのがこれらの船であり、それを駆使して活躍したのが水軍である。

彼らはある種の特種技術者集団であり、大名によって編成されたものの他、大名とは協力関係を結んでいるだけで、普段は海賊行為を行っているものもいた。後者の代表が瀬戸内海《せとないかい》の村上水軍《むらかみすいぐん》で、毛利《もうり》氏《し》の勢力拡大に大きく貢献した。

しかし、こうした水軍たちは江戸時代になると幕府の方針によって衰退し、消滅していくこととなったのである。

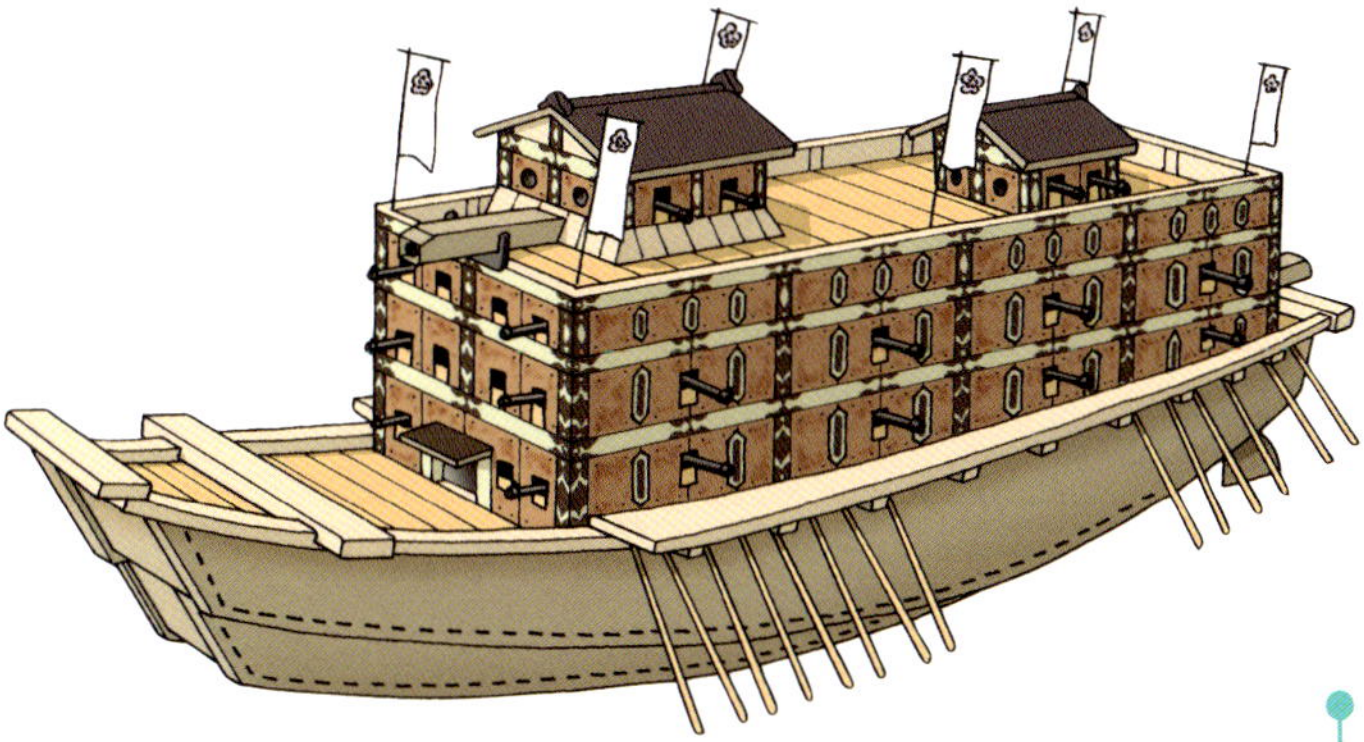

鉄甲船 てっこうせん

織田信長《おだのぶなが》が作らせたという巨大な安宅船。毛利氏に仕える有力な水軍・村上水軍に対抗するために建造した物で、六隻存在したとされる。三門の大砲と無数の大型鉄砲を備え、船全体に鉄板を張りつけて防御力を高めていた。信長の死後は秀吉が朝鮮出兵に使用したが、このときは役に立たなかったと伝わっている。

小早 こはや

小型の早船（関船）であることからこの名前で呼ばれた小型の軍船。総矢倉を持たないため防御力では落ちるが、その分小回りが利いたため、偵察や伝令などの役割で活躍した。

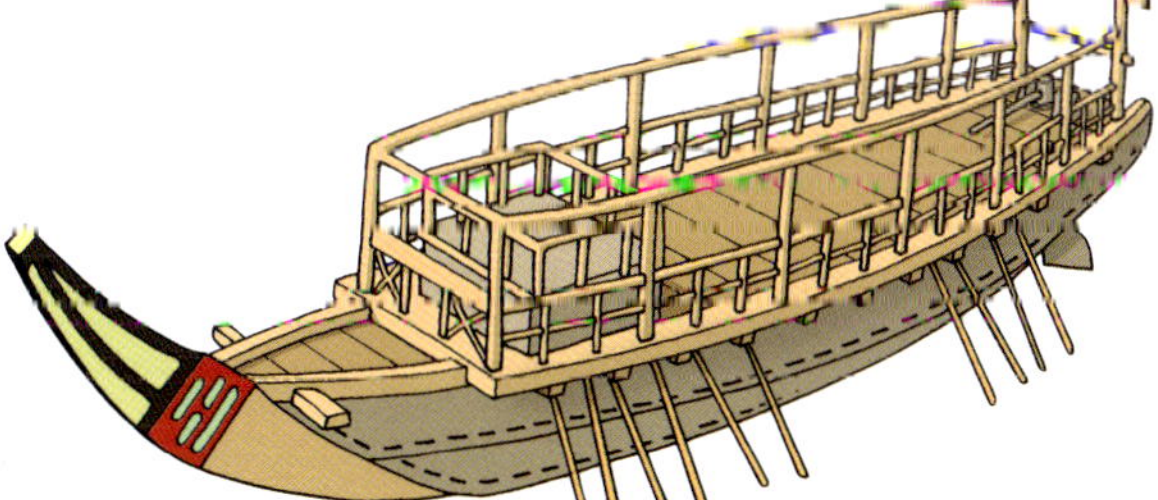

AD 1600

関《せき》ヶ《が》原《はら》の戦い（関ヶ原決戦）

天下分け目の決戦

徳川家康《とくがわいえやす》率いる東軍と、石田三成《いしだみつなり》が中心となった西軍が関ヶ原の地で対峙《たいじ》したとき、単純な戦力の比較として形勢が有利なのは西軍の方だった。数で勝っていたうえ、盆地《ぼんち》を取り囲む山々に陣取って東軍を取り囲んでいたのである。

しかし、家康は合戦が始まる前から様々な手を打っていた。南宮山《なんぐうさん》の毛利《もうり》軍には吉川広家《きっかわひろいえ》を通して合戦に参加しないよう依頼し、松尾山《まつおさん》の小《こ》早川秀秋《ばやかわひであき》には機を見て裏切るように、と誘いかけた。彼らがどう動くかこそが、この天下分け目の決戦を左右したといってもいい。

西軍の崩壊

霧の開けた朝から始まった合戦は、西軍の多くが動かないながら、昼頃まで一進一退の状況が続く。このとき、戦局を握る小早川軍は動いていない。本来は東軍につくはずだったが、思ったよりも西軍が善戦している現状に秀秋の迷いが出たのである。

その迷いを打ち破るべく、家康は思い切った行動に出る。なんと、松尾山に鉄砲を撃ち込んだのだ。この威嚇《いかく》に怯えた秀秋は裏切りを決意、周囲の武将たちもこれにならって一気に西軍を攻撃した。この裏切りが決定打となって西軍は崩壊し、家康は天下をほぼ手中に収めたのである。

エピソード

真田《さなだ》の奮戦

このとき、家康は軍を三つに分けている。まず諸大名を先鋒《せんぽう》として送り、自分は江戸で状況を見守ったのち関ヶ原に向かい、また次男の秀忠《ひでただ》に三万八千もの大軍を与えて別働隊としていたのである。

ところが、この別働隊は決戦に参加しなかった。

進路にあった上田城《うえだじょう》を攻撃したところ、ここを守る真田《さなだ》昌幸《まさゆき》・幸村《ゆきむら》親子の激烈な抵抗にあって足どめを食い、間に合わなかったのである。この戦いで真田の知略はおおいに広まった。

3.天下分け目の決着

秀秋が裏切った時点で、戦いは決着がついたといっていい。秀秋だけでなくその周辺の武将たちも一気に東軍につき、その攻撃を受け止めた大谷吉継《おおたによしつぐ》の軍は数度に渡って押し返す奮戦を見せるもついには倒れた。三成を支え続けた名将・島左近の活躍も虚しく西軍は敗れ、こうして家康は天下分け目の戦いに勝利し、以後の天下を握ることとなったのである。

1.東軍不利？

先鋒として進んでいた諸大名に、江戸で状況を見ていた家康が合流し、関ヶ原の戦いは始まる。当初、状況は西軍に有利であるように見えた。決戦の前日には西軍の島左近が東軍をおおいに破り、当日の布陣もそれぞれ山に陣取った西軍が東軍を包囲していたからだ。実際、明治時代に日本陸軍の軍事顧問として来日したドイツのクレメンス・メッケル少佐が、この布陣の様子を見てすぐに西軍の勝ち、と断言したという話が伝わっているくらいである。

2.三成の誤算

霧が晴れた朝から始まった戦いは、東軍と西軍がほぼ互角で推移した。これは松尾山に陣取った小早川軍と、南宮山の毛利軍（吉川広家が押しとどめていた）がそれぞれ動かず、日和見を続けていたからである。家康はこの両者に対してそれぞれ裏切り工作をしかけていたのだ。これは三成にとって大きな誤算だったが、この状況は家康にとっても予想外であった。秀秋がどちらに付くかを迷い続け、行動を起こさなかったのである。これにしびれを切らした家康は松尾山に鉄砲を撃ち込んで脅し、小早川軍を動かすことに成功する。

おもな働きをした人物

小早川秀秋《こばやかわひであき》

豊臣秀吉《とよとみひでよし》の甥で、小早川隆景《こばやかわたかかげ》の養子となる。武将としての才に恵まれず、総大将となった朝鮮出兵でも失態を犯している。関ヶ原では西軍として参加しながら裏切って東軍の勝利を決定づけた。二年後に死ぬが、死因は裏切ったことに対する負い目で精神を病んだせいともいう。

生没 1582(天正10)~1602(慶長7)
別称 権中納言・小早川金吾
本拠 丹波亀山城→筑前名島城→備前岡山城

島左近《しまさこん》

「左近」は通称。筒井氏《つついし》などに仕えたあと、石田三成《いしだみつなり》の家臣となる。左近を迎えるにあたって三成は自分の領地の半分近くを差し出したという。その厚遇《こうぐう》に応えた左近は三成を補佐して活躍し、関ヶ原の戦いでも奮戦するが、敗れた。以後は生存説・死亡説があって不明。

生没 1540(天文9)?~1600(慶長5)?
別称 清興・勝猛・友之・昌仲
本拠 大和筒井城→近江佐和山城

近江

石田三成《いしだみつなり》

生没 1560（永禄3）～1600（慶長5）
別称 治部少輔・佐吉・三也
本拠 近江水口城→近江佐和山城

豊臣秀吉の側近として活躍した官僚で、豊臣政権では五奉行のひとりとして文治派《ぶんちは》の代表的人物。内政面や朝鮮出兵の際の人員・物資の輸送などに抜群の才能を発揮した。しかし、融通の利かない性格だったために武断派《ぶだんは》の武将たちと激しく対立する。秀吉の死後は暗躍を始めた徳川家康《とくがわいえやす》を倒すために挙兵して、西軍を実質的に指揮するが、小早川秀秋らの裏切りによって敗れ、処刑される。

薩摩

島津義弘《しまづよしひろ》

生没 1535（天文4）～1619（元和5）
別称 参議・侍従・又四郎・忠平・義珍・惟新
本拠 日向飯野城

島津義久《しまづよしひさ》の弟。豊臣秀吉の九州征伐《せいばつ》のときに激しく抵抗し、兄に説得されて降伏した。このとき、家督を譲られたという（譲られていない、という説もある）。その後は関ヶ原の戦いに西軍として参加する。しかし、石田三成と反りが合わなかったことから当初戦いには参加せず、西軍の敗色が濃厚となってから敵中突破による撤退を成功させる。これが「島津の退き口」として有名になった。

征夷大将軍《せいいたいしょうぐん》・徳川家康《とくがわいえやす》

関ヶ原《せきがはら》後の情勢

関ヶ原の戦いで勝利した徳川家康は、新しい天下人として諸大名に号令をかける。戦後の処置では、西軍に加担した大名たちは潰すか領地を削るかし、東軍として味方してくれた大名たちには加増をしたのだが、その中で家康は今後下克上《げこくじょう》が起きないような構造を作りあげている。

大名たちは徳川氏一門である「親藩《しんぱん》」、もとからの家臣である「譜代《ふだい》」、関ヶ原以後に臣従した「外様《とざま》」に分けられた。そして、「外様」の大大名たちの多くは領地こそ広いが江戸や京から遠い場所に追いやられ、ことを起こすのを難しくされたのである。

徳川幕府の始まり

そして1603年（慶長《けいちょう》8）、家康は念願の征夷大将軍の地位につく。以後約260年に渡って日本を支配した江戸幕府の始まりである。

幕府は武士を統制する「武家諸法《ぶけしょはっ》度《と》」や、朝廷と公家を統制する「禁中並公家諸法度《きんちゅうならびにくげしょはっと》」などの制度を整備し、統治のための万全の体制を作っていった。大名たちは好き勝手に動けなくなり、また朝廷が掌握されたために謀反のための大義名分も作れない。のちには「一国一城令」も出され、戦うための拠点となる城も持ちにくくなった。戦国の時代はまさに終わろうとしていたのだ。

諸説アリ

影武者徳川家康？

隆慶一郎《りゅうけいいちろう》の『影武者徳川家康』（新潮社）などで知られる説に、家康がじつは途中で死んでおり、そのあとは世良田《せらだ》二郎三郎元信《じろうさぶろうもとのぶ》という影武者が入れ替わっていたのだ、とするものがある。

同じ影武者説でも諸説あって、どこで死んだのか、また影武者が何人いたのかなどは説によって異なる。家康はその過去において謎の部分が多く、さらに晩年にもらした言葉に明らかにおかしいものがあったことから、このような説が誕生したのだ。

征夷大将軍・徳川家康

信長の同盟者として、秀吉の臣下として我慢を続けてきた家康は、ついに将軍として武士の頂点に立つ

関ヶ原の戦いに勝利した家康、戦後処置として大名たちの領地を削り、増やし、また移動させていく → 支配しやすい体制を作る

家康の政策

東軍の諸大名

領地の加増を行う一方で、自らが権力者として主従関係を結ぶ

西軍の諸大名

石田三成らは改易、上杉・毛利なども大きく領地を没収する

豊臣秀頼

名目上主従関係はもとのままだが、諸大名への預け分となっていた百六十万石あまりを没収して六十五万石の大名に

大名の分類

親藩 徳川（松平）一門。重要拠点を領地にする

譜代 古くからの徳川家臣。外様大名の押さえの役割

外様 関ヶ原以降の家臣。遠隔地などに追いやられる

1603年（慶長8）

徳川家康、征夷大将軍に就任して江戸幕府を開く

「徳川」は源氏の子孫とされた（系図改竄《けいずかいざん》の疑いが強い）ために将軍になれた

武家諸法度
（武士たちを縛る）

禁中並公家諸法度
（朝廷・公家を縛る）

下克上の時代は終わり、安定した平和な時代がやってくる

AD 1605~1615

家康《いえやす》の政策

大御所《おおごしょ》政治

将軍の座に着いたわずか二年後の1605年（慶長《けいちょう》10）、徳川家康《とくがわいえやす》は息子の秀忠《ひでただ》にこの地位を譲る。これにはなによりもまず家康の「下克上《げこくじょう》の時代を終わらせる」という強い意図があったようだ。諸大名に「将軍の座は徳川家の者が代々受け継ぐ」ということをアピールして、謀反の意志を奪おうとしたのである。

しかし、秀忠にすべての権力を一気に譲ることは、逆に諸大名の不穏な動きを誘ったり、後継者騒動を引き起こす可能性があった。そのため、家康は大御所という立場で実権を握り続けることにしたのである。

追いつめられた豊臣氏《とよとみし》

これに焦ったのが豊臣氏、中でも秀頼《ひでより》の母の淀殿《よどどの》だ。当初、家康が将軍の地位についたときは、「のちに秀頼に譲るものだ」と説明されていたため、豊臣側もこの言葉を信じて反対をしなかった。

ところが、家康の息子が二代将軍になるのでは話が違う。このままでは本来家臣のはずの徳川が、豊臣の上に立ってしまう。秀吉《ひでよし》の跡を継いで天下人となるべき秀頼が、あべこべに徳川の家臣ということになってしまうのである。この焦りが戦国最後の戦いである大坂《おおさか》の陣へとつながっていく。

エピソード

方広寺鐘銘事件《ほうこうじしょうめいじけん》

徳川と豊臣が決定的に対立するきっかけになったのが、方広寺の鐘銘事件だ。この寺は豊臣秀吉により建立されたものの地震によって倒壊し、秀頼が再建した。

しかし、幕府は豊臣家が再建したこの寺の鐘に刻まれた「国家安康《こっかあんこう》」「君臣豊楽《くんしんほうらく》」という言葉にケチをつけた。「国家安康」は「家康の名を分断している」し、「君臣豊楽」とは「豊臣が楽しむ」の意味だとしたのだ。このいいがかりは豊臣側の感情を、おおいに傷つけた。

追いつめられた豊臣氏

家康は地位を息子に譲って政権を固め、いよいよ豊臣氏は追いつめられていく

大御所政治

初代将軍・徳川家康

将軍の座は譲ったが、「大御所」として実権を握り続ける

父の出した命令に同じ命令を続けて出す二元政治

二代目将軍・徳川秀忠

息子に将軍を譲ることは、その後も徳川家が江戸幕府を支配していくことを意味している

信長も秀吉も安定した状況で後継者に跡を託せなかった

↓

もはや下克上の時代は終わったというアピール

その一方で

家康が大御所として睨みを利かせ続ける

常識の変化

権力は血や家系ではなく、実力のある者に継承される

↓

長子相続、家の格など、封建的価値観が重視されるように

家康

将軍就任時、あくまで「秀頼の代わりに預かっているだけ」という態度を見せていた

淀殿・秀頼

家康の言葉を信じていたため、秀忠の将軍就任に激しく動揺し、また焦りを隠せない

豊臣氏が徳川の政権が続くことを恐れる一方で、徳川氏もまた豊臣による政権転覆を恐れた

大坂の陣へ

AD 1616

大坂《おおざか》冬の陣

浪人衆の奮戦

幕府にとって、豊臣氏《とよとみし》は最後に残った目の上のコブだった。そして1614年（慶長《けいちょう》19）、豊臣内部で幕府への反感が高まると、これをきっかけに同年十月、大坂冬の陣が勃発《ぼっぱつ》する。このとき、豊臣氏は各地の大名たちに出陣を求めたが、すでに徳川の天下と考える大名たちは誰も豊臣側につかず、むしろ多くが幕府側として大坂城を包囲する始末だった。

しかし、関ヶ原《せきがはら》で没落した大名や武将など浪人衆たちは大坂城に集い、幕府軍の攻撃に対して果敢《かかん》に抵抗した。とくに真田幸村《さなだゆきむら》はおおいに奮戦し、幕府側に甚大な被害を与えたという。

和平と謀略

合戦が始まって二ヶ月経った頃、徳川家康《とくがわいえやす》は豊臣側に和平を持ちかける。双方とも兵糧や弾薬の問題などから長期間戦い続けられるような状況にはなく、またその前に淀殿《よどどの》の住居近辺に大砲を撃ち込むといった威嚇行為をしていたこともあって、交渉はスムーズに進んだ。

ところが、和平の条件は「大坂城の外堀を埋める」ことだったはずなのに、幕府はその約束を無視してすべての堀を埋めてしまう。結果、天下の名城は丸裸となって防御力を失ってしまい、大坂側を激怒させることとなった。

合戦の姿

大坂城の欠点

大坂城はその規模としても、また防御能力としても戦国時代一と謳《うた》われる名城だった。豊臣側が幕府の大軍相手に戦えたのもこの城が優秀であることが大きい。ところが、この城は台地続きの南側が弱点であり、造り上げた豊臣秀吉《とよとみひでよし》自身もそれを気にしていたという。

大坂冬の陣のとき、幸村はこの弱点に目をつけ、城の南側に真田丸《さなだまる》という出城を造りあげた。そして襲いかかってくる幕府側の大軍を、この真田丸で撃退し、活躍したのである。

大坂冬の陣

戦国時代を彩る最後の合戦は、まず大坂城をめぐって激しい火花が散らされた

幕府の挑発に乗った豊臣氏は大坂城で合戦の準備を始め、
これを好機と見た幕府は豊臣氏を滅亡させるべく攻撃する

↓

1614年（慶長19）

豊臣氏

堅固な大坂城に籠城して幕府軍を撃退しようとする

→ 互角以上に戦う

⇔

幕府

約二十万の大軍で大坂城を包囲し、攻撃する

→ 苦戦を強いられる

浪人衆（→ 集結 → 豊臣氏）

関ヶ原の戦いで没落した武家など

大坂城五人衆

真田幸村／後藤又兵衛
長宗我部盛親／毛利勝永
明石全登

豊臣氏 → 出陣要請 → 諸大名

諸大名（→ 従う → 幕府）

もともとは豊臣氏に仕えた大名たちも、多くが幕府側について大坂城を攻撃

↓

両軍はそれぞれ和平を考え始める

幕府軍→冬期の戦いであることと兵糧不足

大坂側→天守閣への砲撃に不安がつのる

↓

本丸を残した二の丸／三の丸の破壊と外堀の埋め立てなどで和平が成立

とにろが

↓

幕府は外堀だけでなく内堀も埋め、大坂城は防御力を失う

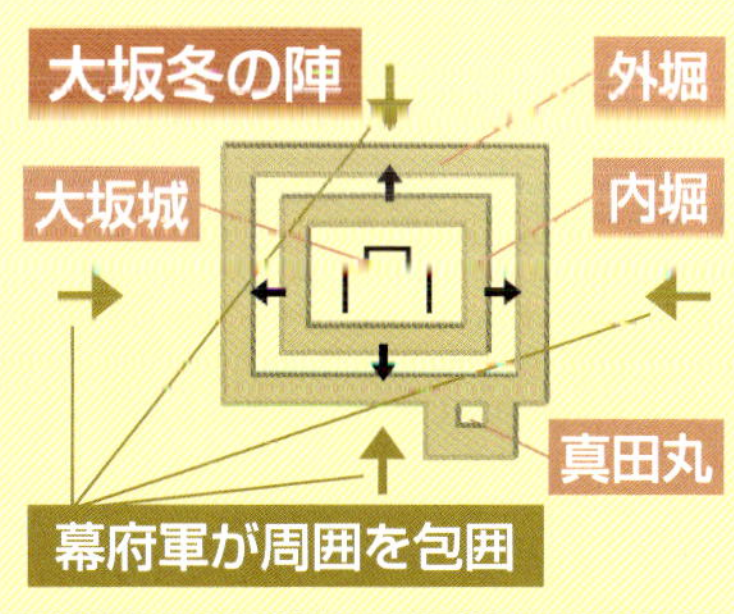

AD 1615

大《おお》坂《さか》夏の陣

戦国最後の戦い

冬の陣終結後に幕府が犯した条約破りに対して、大坂側は堀の一部を掘り返すなど再戦の準備を始める。これが幕府の再攻撃の口実となり、１６１５年（慶長《けいちょう》20）五月頃より大坂夏の陣が始まった。

すでに大坂城が防衛能力を失っていることから、豊臣側は籠城ではなく、城から打って出ての野戦を挑んだ。

しかし、そもそも数に劣るうえに、冬の陣で大きな助けとなった城の防御をもたない大坂側は敗北を続け、後藤《ごとう》又兵衛《またべえ》や木村重成《きむらしげなり》、長宗我部盛親《ちょうそかべもりちか》といった有力武将たちが次々と倒れていったのである。

大坂城炎上

いよいよ追いつめられた豊臣側は、大坂城近郊で最後の一戦を挑む。このとき、真田幸村《さなだゆきむら》は全軍の士気をあげるために豊臣秀頼《とよとみひでより》の出陣を提案したがかなわず、それでも徳川家康《とくがわいえやす》の本陣を目がけて果敢に突撃を仕掛けた、と伝わっている。真田の突撃は回数にして三度にもおよんで、家康をおおいに恐れさせたが、ついにはその勢いも尽きて討ち死にするのだった。

結局、豊臣側は総崩れとなり、秀頼と淀殿《よどどの》、そして残った武将たちは自害した。こうして戦国時代を彩る最後の戦いは、幕府側の勝利に終わったのである。

諸説アリ

真田 十勇士《じゅうゆうし》

幸村は大坂の陣での劇的な活躍と死から、講談や小説などで非常に人気のある人物だ。そして、その幸村を支えたとされるのが真田十勇士と呼ばれる十人の精鋭（その多くが忍者だったとされる）である。

彼らは架空の人物であり場合によって上がる名前も違うのだが、猿飛佐助《さるとびさすけ》と霧隠才蔵《きりがくれさいぞう》の両名はとくに人気が高く、様々な小説や漫画などで登場し、超人的な活躍を見せる。その知名度は伊賀《いが》の服部半蔵《はっとりはんぞう》や、風魔小太郎《ふうまこたろう》などと並ぶほどだ。

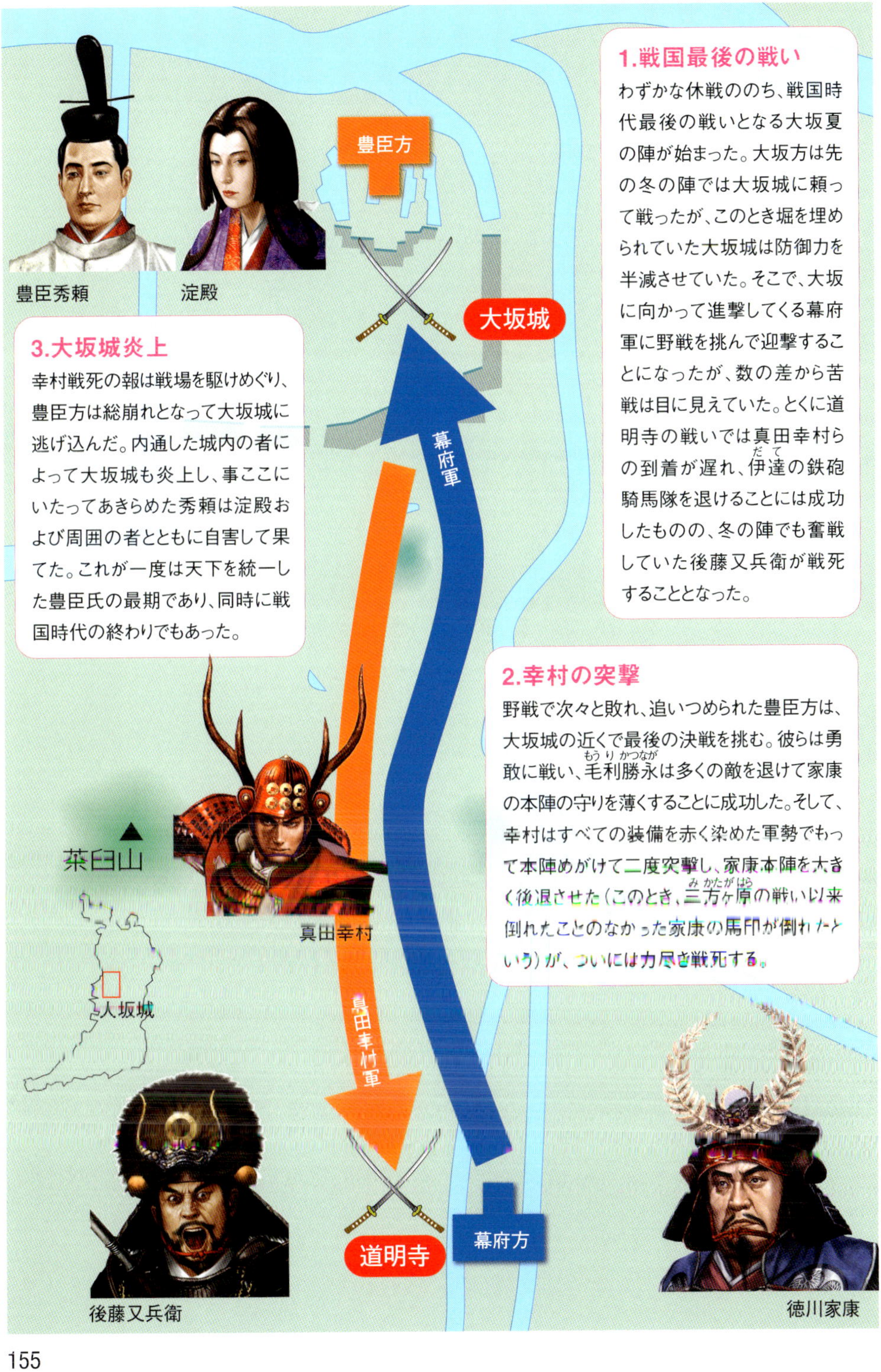

1.戦国最後の戦い

わずかな休戦ののち、戦国時代最後の戦いとなる大坂夏の陣が始まった。大坂方は先の冬の陣では大坂城に頼って戦ったが、このとき堀を埋められていた大坂城は防御力を半減させていた。そこで、大坂に向かって進撃してくる幕府軍に野戦を挑んで迎撃することになったが、数の差から苦戦は目に見えていた。とくに道明寺の戦いでは真田幸村らの到着が遅れ、伊達《だて》の鉄砲騎馬隊を退けることには成功したものの、冬の陣でも奮戦していた後藤又兵衛が戦死することとなった。

2.幸村の突撃

野戦で次々と敗れ、追いつめられた豊臣方は、大坂城の近くで最後の決戦を挑む。彼らは勇敢に戦い、毛利勝永《もうりかつなが》は多くの敵を退けて家康の本陣の守りを薄くすることに成功した。そして、幸村はすべての装備を赤く染めた軍勢でもって本陣めがけて二度突撃し、家康本陣を大きく後退させた（このとき、三方ヶ原《みかたがはら》の戦い以来倒れたことのなかった家康の馬印が倒れたという）が、ついには力尽き戦死する。

3.大坂城炎上

幸村戦死の報は戦場を駆けめぐり、豊臣方は総崩れとなって大坂城に逃げ込んだ。内通した城内の者によって大坂城も炎上し、事ここにいたってあきらめた秀頼は淀殿および周囲の者とともに自害して果てた。これが一度は天下を統一した豊臣氏の最期であり、同時に戦国時代の終わりでもあった。

おもな働きをした人物

三河

本多正純《ほんだまさずみ》

生没 1565（永禄8）～1637（寛永14）
別称 上野介・弥八郎・千穂
本拠 下野宇都宮城

徳川家康《とくがわいえやす》の参謀・本多正信《ほんだまさのぶ》の息子として生まれ、自身も行政官僚的な才能に恵まれていたことから家康の参謀として活躍する。この正純が大坂の陣における堀埋めの陰謀を提案した、とされている。しかし、父の言葉を無視して大きな所領を得たため、のちに失脚してしまう。

播磨

後藤又兵衛《ごとうまたべえ》

生没 1560（永禄3）～1615（元和元）
別称 基次
本拠 筑前大隅城

「又兵衛」は通称。黒田官兵衛《くろだかんべえ》の配下として活躍するが、その子の長政《ながまさ》と反りが合わずに出奔した。その後、長い浪人生活を経て大坂の陣に豊臣側として（幕府からの申し出は拒絶）参加する。しかし、大坂夏の陣において伊《だ》達《て》の鉄砲隊の攻撃に倒れ、討ち死にする。

摂津

豊臣秀頼《とよとみひでより》

生没 1593（文禄2）～1615（慶長20）
別称 右大臣・拾・拾丸
本拠 摂津大坂城

豊臣秀吉《とよとみひでよし》の次男。長年子供に恵まれなかった秀吉に大変寵愛され、まさに御曹司《おんぞうし》として育てられた。そのために非常に物知らずな側面があって愚鈍《ぐどん》であったとされることも多いが、一方で徳川家康がその聡明さを驚きとともに褒めたこともあり、一概にはいえない部分もある。結局、豊臣の命運を決めた二度の戦いにも出陣せず、大坂城と母淀殿《よどどの》、そして供の者と命運をともにし、自害する。

近江

淀殿《よどどの》

生没 1569（永禄12）?～1615（慶長20）
別称 茶々・菊子
本拠 山城淀城→摂津大坂城

浅井長政《あさいながまさ》とお市《いち》の娘で、豊臣秀吉の側室。秀吉の嫡男である秀頼を生んだことから、豊臣氏内では絶大な権力を振るった。「淀君《よどぎみ》」と称されることも多いが、「君」が蔑称の意味を含むことから最近はあまり使われない。秀吉の死後に徳川家康と激しく対立するが、効果的な対応はできず、かえって自分の首を絞める傾向にあった。結果として大坂の陣によって豊臣氏は滅び、淀殿も自害した。

AD 1616～

徳《とく》川《がわ》幕府の時代へ

「元和偃武《げんなえんぶ》」

大坂《おおさか》夏の陣終結後に元号が元和に代わり、「元和偃武」が訪れた。偃武とは中国の古典の言葉で、「武器を偃《ふ》せて武器庫に収める」、つまり武器を使用しない平和な時代がやってきた、ということである。徳川家康《いえやす》もこの翌年に没し、天下泰平の江戸時代がやってきた。

しかし、江戸時代の初期は戦国大名の生き残りにとって最後の試練の時期でもあった。幕府は体制の安定のために、外様大名の取り潰しを繰り返していたのだ。こうして取り潰された大名としては、安芸《あき》の福島《ふくしま》氏や出羽《でわ》の最上《もがみ》氏などがある。

秀忠《ひでただ》、そして家光《いえみつ》へ

家康の死後、子の二代将軍秀忠、そしてさらにその子の三代将軍家光は、家康の方針を継承しながら幕府の安定をはかって様々な政策を行っていく。

中でも特徴的なのが、キリスト教の禁令と鎖国政策だろう。豊臣秀吉《とよとみひでよし》のときにはまだ不徹底だったキリスト教の禁止と弾圧が徹底的に行われ、また海外貿易も非常に制限された。この結果として、日本は閉じられた国となり、以後独自の発展を遂げていくことになる。この国が開かれるのは二百数十年後……幕末の時代のことである。

豆知識

変わっていく武士

泰平の時代が訪れると、武士たちもその姿を変えていく。たとえば、実際の合戦における技術ではなく、武士としてのたしなみ、技芸《ぎげい》としての剣術の流行が起きる。また、傾《かぶ》奇者《きもの》と呼ばれる派手な服装や奇怪な振る舞いをする者たちは戦国時代を通して存在していたが、時代が平和になって大流行した。

この二つの流行は、武士が戦闘者階級であるにもかかわらず、日本から合戦がほぼ消滅してしまったことと関わりがあるのだろう。

江戸幕府の時代へ

以後、平和と鎖国、そして封建制度の江戸時代が始まる

豊臣氏は大坂城にて滅亡し、以後大きな合戦は起きない

→

「元和偃武」の到来

中国古典の言葉。
「武器を使わない平和な時代」の意味

徳川家康の子の二代将軍・秀忠、さらにその子の三代将軍家光によって、江戸幕府は強固な体制を作りあげていく

↓

対内政策

キリスト教禁止

家康の頃には緩やかだったキリスト教弾圧が徹底される

鎖国政策

キリスト教の浸透を防ぐため（金の流出を防ぐためとも）に、長崎の出島など一部を除き海外との窓口を封鎖し、交流をほぼ断つ

→

対外政策

身分制度

刀狩などの結果、士農《しのう》工商《こうしょう》の四身分が厳しく分けられた

↓

戦国時代によって混乱した封権的な社会が復活する

日本が再び開かれるのは、幕末・明治維新のこと

残った一族、残らなかった一族

※高家→江戸城内における儀式を司る役割。古くからの名門がなった

徳川氏	徳川将軍は十五代に渡って続く
豊臣氏	大坂城炎上・秀頼の自害によって滅亡。木下家はその後も残った
織田氏	信長の次男・信雄や信長の弟・長益らなどの子孫が大名や高家として存続
武田氏	大名としては滅亡したが、庶流が高家として存続する
上杉氏	出羽米沢藩三十万石の大名として存続する
毛利氏	周防・長門二国の、長州藩約三十七万石として存続
伊達氏	仙台藩六十二万石の大名として存続。政宗は家光の時代まで生きた
北条氏	本家は滅亡したが、庶流の家が大名として存続
今川氏	大名としては滅亡したが、子孫が高家として存続
長宗我部氏	長宗我部盛親が大坂城の浪人衆として処刑され、滅亡する
島津氏	鹿児島藩（通称は薩摩藩）七十七万石の大名として存続
龍造寺氏	本家は断絶し、代わって重臣の鍋島氏が佐賀約三十五万石の大名に

ミニ知識

様々な戦国時代

戦国時代は、相次ぐ合戦、下克上《げこくじょう》、価値観の転換などなど、魅力的なテーマと人物、事件に満ちあふれた非常に面白い時代だ。そのため、戦国時代を題材にした小説や漫画、ゲームなどは非常に大量に存在し、その数は増える一方だ。このコラムではそれら戦国時代を扱った作品について紹介していきたい。

戦国時代を扱った作品の筆頭は、なんといっても歴史小説の数々だろう。斎藤《さいとう》道三《どうさん》・織田信長《おだのぶなが》・そして明智光秀《あけちみつひで》らの生き様を描いた『国盗り物語』（新潮社）や、のちの土佐《とさ》藩主・山内一豊《やまのうちかずとよ》とその妻千代《ちよ》の生涯を描いた『功名が辻』（文藝春秋）などの作品を書き、それらの作品に独特の「司馬《しば》史観」を織り込んだ司馬遼太郎《りょうたろう》。そして、吉川英治《よしかわえいじ》・海音寺潮五郎《かいおんじちょうごろう》・山岡宗八《やまおかそうはち》……。

こうした大御所たちの作品は、彼らが皆この世を去ってしまった今でも書店の棚に並び、読者の手に取られている。

また、これまで挙げてきた作品の多くと違い、歴史に大きなアレンジをすることによって面白さを追求する小説もある。「もし信長が生きていたら？」「もし関ケ原《せきがはら》の戦いが起きなかったら？」。そうした「もし」を追求するのが架空戦記、もしくは仮想戦記と呼ばれるジャンルの小説たちだ。映画化され、最近リメイクもされた半村良《はんむらりょう》『戦国自衛隊《せんごくじえいたい》』（角川春樹事務所）などが代表的だろうか。

戦国時代を扱った漫画も数多く描かれ、多くの人の目にとまっている。かぶき者・前田慶次《まえだけいじ》が大暴れする隆慶一郎《りゅうけいいちろう》の原作『一夢庵風流記《いちむあんふうりゅうき》』（新潮社）を原哲《はらてつ》夫《お》が漫画化した『花の慶次〜雲の彼方に〜』（集英社）は、いまだに名作として語られる作品となっている。

また、最近の作品としては山田芳裕《やまだよしひろ》の『へうげもの』（講談社。タイトルはひょうげもの、と読む）が注目を集めている。茶人として名高い武将・古田織部《ふるたおりべ》を主人公に、合戦以上に「美」を作品の焦点としているところが、他の作品とは違う面白さを出しているのだ。

また、戦国時代が舞台のコンピューターゲームも数多く発表され、高い人気を誇っている。とくにコーエーが十二作に渡って発表し続けている『信長の野望』シリーズなどは、戦国大名たちによる国盗り合戦を非常に細かく再現しており、戦国時代を扱ったゲームの代表的存在といえる。

付録

履き物

下駄《げた》、草履《ぞうり》や草鞋《わらじ》（ともに稲藁《いなわら》を編んで作った履き物）、足袋《たび》（下駄などを履く際に足に履く下着。靴下に近い）などがこの時代のおもな履き物であった。また、草履の一種として雪踏《せった》という裏面に皮を張って防水機能を与えたものがこの頃に考案されているのだが、これは茶人として名高い千利休《せんのりきゅう》が考えたものとされている。

上級武士

平服としての小袖《こそで》の他、礼服としてこの図で示したような直垂《ひたたれ》（もともとは武士の平服。前合わせ式の上衣《じょうい》とズボン式の下衣）を着るようになった。

武家女性

世が平和に近づいた戦国時代末期（安土桃山《あづちももやま》時代）に入ると、「桃山小袖」と呼ばれるきらびやかな小袖が登場した。

豪商

ゆったりとした小袖を着た、裕福な豪商の姿。多くの商人は彼らと違って行李《こうり》（竹などで作った箱）を背負って町をまわる旅商人だった。

衣料革命

戦国時代以前、衣服の素材は貴族は絹《きぬ》、庶民は麻《あさ》というのが普通だった。しかし、南北朝時代以来、とくに応仁《おうにん》の乱後頃から朝鮮・明《みん》より木綿《もめん》が大量に輸入されるようになり、さらに十五世紀末から国内で生産されるようになって、兵士の服として、また庶民の服として広く利用されていくようになった。

木綿は吸湿・保温に優れ、洗濯も楽で衛生的、かつ耐久性に優れて染色もしやすいという非常に便利な存在だったのである。ちなみに、こうした木綿の流行は、火縄銃の火縄が木綿であったことから、その開発のための副産物だったのではないかという説もある。

南蛮服の影響

戦国時代は宣教師や南蛮商人によって海外からの文化が大量に流入した時代であり、それは衣服においてもそうである。とくにビロードのマント姿で有名な織田信長を始めとする、先進性の高い戦国大名たちはそれら「南蛮風」の衣服を好んだ。ボタンの付いたジュパン（襦袢《じゅばん》）、ズボン型の袴《はかま》・カルサン、カパ（合羽《がっぱ》）などはこうした流行の中で受け入れられた物である。

足軽

足軽の多くは半農半兵で、普段は農民として働き、戦の際には「御貸し具足」と呼ばれる鎧《よろい》を着て戦場に行く。

小袖の流行

この時代、人々は上下階級男女の区別に関係なく、小袖（袖口に手が通るだけわずかにあいている形の着物）を着るのが普通だった。

これは平安時代頃に始まったもので、それ以前の服の袖が大きかったためにこの名で呼ばれるようになった。本来は貴族階級の肌着として始まったものだが、鎌倉・室町と時代が進むにつれて、機能的な作りが好まれ、武士・庶民を問わない上着として定着した。

農民

男女の服装に大きな違いはなく、筒袖で丈の短い小袖と裾を上げた小袴《こばかま》、農作業などのときには袖に紐《ひも》を通して絞り、裾をからげて動きやすくした。

付録

味噌《みそ》と醤油《しょうゆ》の登場

日本人の食生活を象徴する大豆から生まれた二大発酵食品、味噌と醤油が広まったのはちょうどこの頃のことだ。

味噌は古来から存在していたが、味噌汁という形で普及したのは室町時代から戦国時代にかけてだったようだ。ただし、この頃食べられていたのは大豆味噌ではなく糠《ぬか》味噌だったという説もある。

醤油は食品の塩漬けである醤《ひしお》の一種で、味噌から染み出た液体の「たまり」がもととされる。また、この頃の醤油は今でいうところの「たまり醤油」で、普段私たちの食卓で使われるような醤油が登場するのはもう少しあと、江戸時代のことになる。

武士の日常食

上流の武士であっても、日々の食事は質素であった。米（玄米）を一日五合（茶碗飯にして十杯）、朝と昼の二度の食事で食べ、その他についてくる副食物としては一汁一菜が基本で、たとえば図に示しているのはイワシの丸干しと漬け物である。漬け物や梅干しなどだけのことも多く、また急いでいるときには湯漬け（ご飯の上にお湯を掛けるもの）に漬け物をかじって済ますこともあったという。

武士の食事作法

合戦中の場合はともかく、平時の食事の際には様々な礼儀作法が存在していた。たとえば目上の人との食事では膝《ひざ》を上座に少し向けて座り、食べるときに膝を戻す。そして主人が箸《はし》をとったらならって食べ始め、食べ終わるときにもならって置くこと、とされている。

ご飯の食べ方にも、高く盛ってある中から食べ始めることや、蒸した強飯《こわいい》の場合は箸ですくい取って左の手の平に載せ、そこから食べることなどがあった。さらには酒の飲み方まで、「一献でやめるか、三献まで飲むか」というしきたりがあったのだという。

料理の素材

獣の肉は宗教上の都合などから好まれず（上流の階級では美物《びぶつ》として珍重された）、魚介類は重要なタンパク源だったが、保存の問題から山間部では手に入りにくかった。鳥は食されていたようだが、これもやはり一般的ではなかったようだ。

そのため、自然と食卓の上に並ぶのは地の物・旬の物の野菜を中心とした食事になり、結果的には大変に健康的な食生活だったといえる。

しかし、それでもやはり毎日野菜ばかりだと戦国時代の人でも飽きてしまうのか、たまに鳥や魚が出てくると大変なごちそうとして喜ばれたようだ。

戦場用携帯食

戦国時代、様々な携帯食が考えられた。ここではその中から四つを紹介。①干飯《ほしいい》は蒸した米をカラカラに乾燥させたもの。水や湯で戻したり、そのまま食べたりした。②いもがら縄は里芋《さといも》の茎《くき》を縄に編んで味噌で煮しめたもの。短く切って湯を注げばインスタント味噌汁に。③味噌玉もそれに近い。味噌を酒や生姜《しょうが》で炒めて丸くしたもので、やはりインスタント味噌汁のもとに。④兵糧丸《ひょうろうがん》はそば粉・きな粉・はちみつなどを練った団子。一日二つ食べれば大丈夫という栄養食。

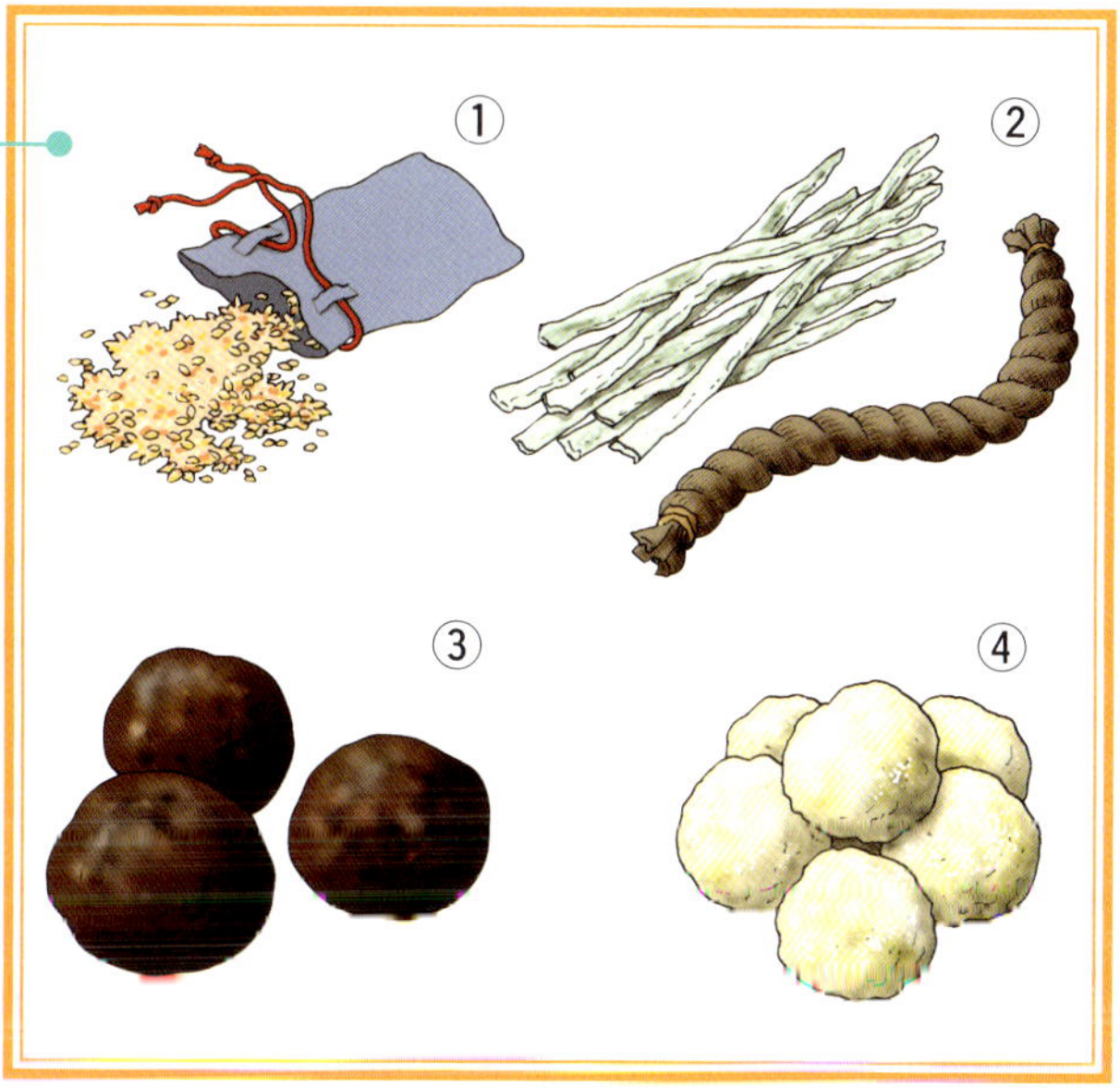

米の食べ方

公家の好んだ蒸籠《せいろ》で蒸した飯（強飯）の他、この頃になって現在のように釜で炊く飯（姫飯《ひめいい》）が武士たちの食事に登場する。

米は上〜中級武士は玄米で、下級の武士などは雑炊として。また農民たちは少量の米にアワ・ヒエ・麦を大量に混ぜて食べたという。

精米した白米は上流の者の食べ物だったとされるが、一方で戦場に出ると足軽にも白米が振る舞われた（白米は玄米に比べて消化がよい）ため、足軽になろうとする者があとを絶たなかったともいう。

また、足軽の中にはこの時に支給された白米をこっそりためておいて、家族への土産にする者もいたという。

戦国時代の城は、前期から中期にかけては鎌倉・室町の時代からと同じ「城」というより「館」というべきものだったが、時代の変化に合わせて石垣《いしがき》や天守閣《てんしゅかく》を持つ巨大な城が築かれるようになり、今私たちがイメージするような城になっていく。

しかし、「館」であっても防衛力を増すために堀などの様々な工夫がされ、こうした築城術は特殊な技能として城攻め側にも守り側にも重宝されたという。

一方、庶民の住む家はかなり質素な材料で作られ、さらに貧しい者は竪穴式住居めいた家に住むなど、あまりしっかりした作りではなかった

こちらは一般的にイメージされるところの「城」である。周囲を石垣に囲まれ、壮麗な天守閣を持ったこの様な城は織田信長の安土城《あづちじょう》以降、戦国時代末期の安土桃山時代と呼ばれたころに多く造られた。非常に莫大な時間と資金が必要な代わりに鉄砲を利用した戦闘に有効で、また周囲を威圧する力が強かった

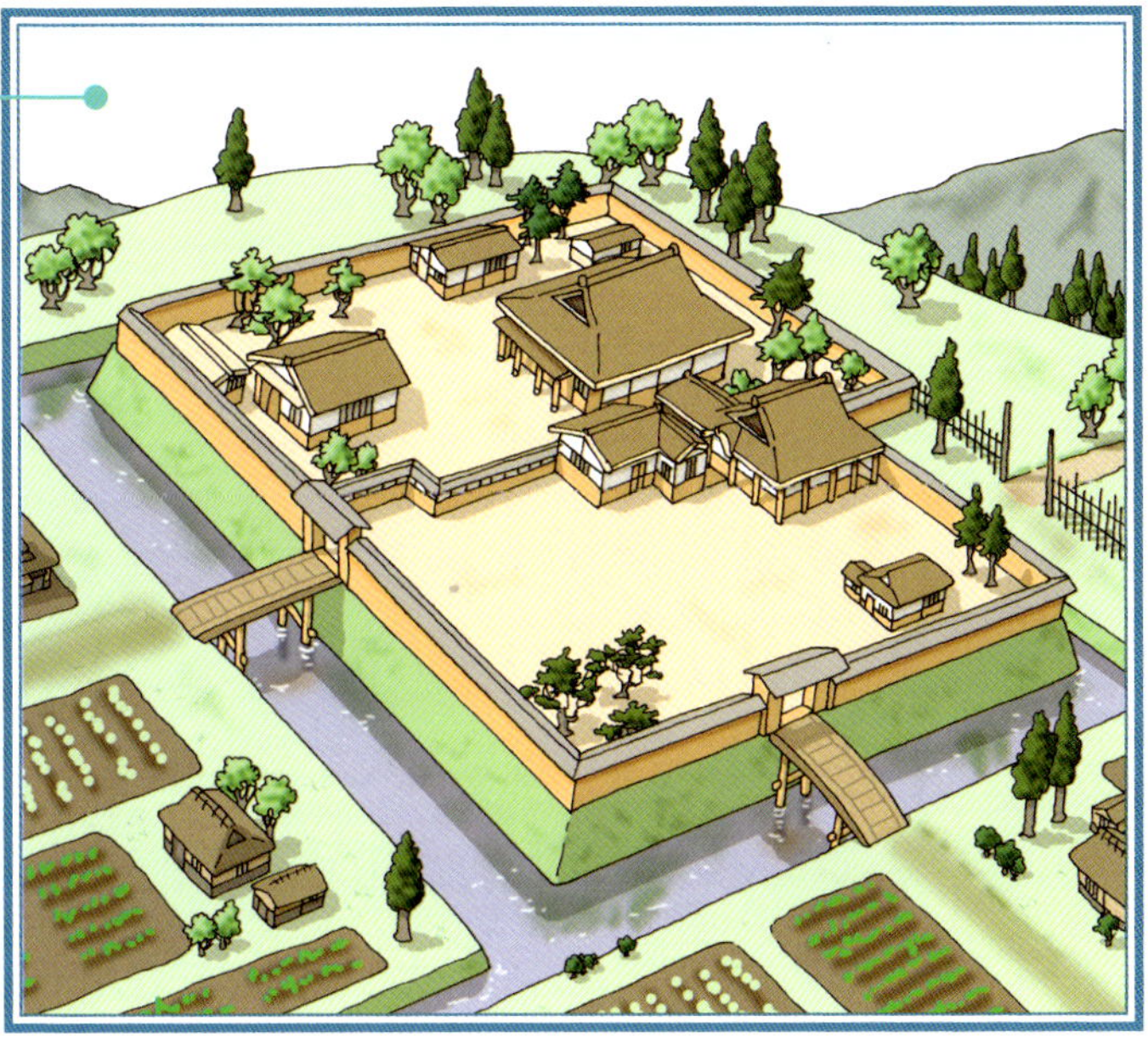

鎌倉時代から戦国時代にかけて、じつは現代日本人がイメージするような石垣で囲まれた壮麗《そうれい》な「城」は多くない。多くはこの図で示したような、「館」に近いものだった。小高い丘や山の上などにこうした城が築かれ、土塁や空堀などで守りを固め、防衛拠点として利用されたのである

こちらの図に示しているのは、城下町の一般的な町屋である。農民の住む家も似たようなものであったようだ。建坪で四～六坪程度　掘立柱《ほったてばしら》・板囲いで屋根は板張りか茅葺きだった。これがもう少し裕福になると敷地に土壁をめぐらせたり柵で囲んだりといったことも行ったようだ

越前

朝《あさ》倉《くら》教《のり》景《かげ》

越前《えちぜん》の戦国大名朝倉氏《あさくらし》に仕えた武将。貞景《さだかげ》、孝景《たかかげ》、義景《よしかげ》の三代に仕え、名補佐役として活躍する。一向一揆《いっこういっき》の大軍を打ち破った九頭竜川《くずりゅうがわ》の合戦を始めとして、各地で転戦して朝倉家の隆盛を築いた。その中で、病に倒れて死去。死ぬ間際、信長《のぶなが》の飛躍を予言したという話が伝わっている。

生没 1477(文明9)～1555(弘治元)
別称 小太郎・太郎左衛門尉・宗滴
本拠 越前

山城

足《あし》利《かが》義《よし》昭《あき》

室町幕府十五代将軍。義輝《よしてる》の弟。幕府再興を目指して各地の大名を訪ねた末に、岐阜《ぎふ》の織田信長《おだのぶなが》を頼る。信長とともに上洛《じょうらく》に成功するがのちに対立し、有力大名に書状を送って信長包囲網を作りあげた。だがこれもうまくいかず、各地を転々とした末に豊臣秀吉《とよとみひでよし》に山城槙島《やましろまきしま》一万石を与えられた。

生没 1537(天文6)～1597(慶長2)
別称 征夷大将軍・義秋・陽舜坊・覚慶
本拠 山城京

山城

足《あし》利《かが》義《よし》輝《てる》

室町幕府十三代将軍。幕府権威の復活を目指して三好長慶《みよしながよし》と激しく対立した末に敗れてその傀儡《かいらい》となる。長慶の死後いよいよ将軍親政に向けて動き出すも、長慶の勢力を受け継いだ松永久秀《まつながひさひで》と三好三人衆によって殺される。上泉信綱《かみいずみのぶつな》と塚原卜伝《つかはらぼくでん》の教えを受けた剣豪将軍としても有名。

生没 1536(天文5)～1565(永禄8)
別称 征夷大将軍・菊童丸・義藤
本拠 山城京

陸奥

蘆《あし》名《な》盛《もり》隆《たか》

伊達氏《だてし》と並ぶ陸奥《むつ》の有力戦国大名・蘆名氏《あしなし》の当主。もとは人質として送られていて、二階堂氏《にかいどうし》の出身だったが、当主盛興《もりおき》が夭折《ようせつ》したときにその娘を妻として蘆名氏を継ぐ。織田信長に接近するなど積極的な政策を打ち出すも、蘆名氏出身でないことから謀反が勃発《ぼっぱつ》し、家臣に殺される。

生没 1561(永禄4)～1584(天正12)
別称 三浦介・左京亮・平四郎
本拠 陸奥黒川城

出雲

尼子晴久《あまごはるひさ》

生没 1514（永正11）～1560（永禄3）
別称 民部少輔・修理大夫・三郎四郎・詮久
本拠 出雲月山富田城

出雲《いずも》の戦国大名・尼子氏の当主。戦国大名尼子氏の基礎を築いた祖父・経久《つねひさ》のあとに全盛期を築き、中国地方のもう一方の雄・大内氏《おおうちし》と戦う。裏切った毛利氏の吉田郡山城《よしだぐんざんじょう》を攻撃して失敗するが、続いて攻めてきた大内氏の軍勢は撃退する。晴久の死後、尼子氏の勢力は急激に衰退していった。

安芸

安国寺恵瓊《あんこくじえけい》

生没 1539（天文8）?～1600（慶長5）
別称 竹若丸
本拠 安芸安国寺

かつて安芸国《あきのくに》守護だった武田氏《たけだし》の出身で、毛利《もうり》氏《し》の外交僧。豊臣政権下では豊臣氏と毛利氏のあいだを取り持つ役割を果たし、関ケ原《せきがはら》の戦いにあたっては石田三成《いしだみつなり》と組んで毛利輝元《もうりてるもと》を西軍の総大将に担ぎ上げた。しかし、内部対立から合戦では毛利軍が動かず、戦後に責任をかぶって処刑される。

近江

磯野員昌《いそのかずまさ》

生没 不明
別称 不明
本拠 近江磯野城→近江佐和山城→近江新庄城

浅井氏《あさいし》に仕えた武将。姉川《あねがわ》の戦いにおいて敵陣深くに斬り込み、「十一段崩し」という活躍を見せたことで知られる。その後、羽柴秀吉《はしばひでよし》の策によって織田軍に降伏し、以後は織田信長に仕えるようになる。ところが、突然信長の怒りに触れて追放され、以後の消息は不明である。

駿河

今川義元《いまがわよしもと》

生没 1519（永正16）～1560（永禄3）
別称 治部大輔・上総介・三河守・芳菊丸・梅岳承芳
本拠 駿河駿府城

駿河《するが》の戦国大名・今川氏の当主。甲斐《かい》の武田信玄《たけだしんげん》・相模《さがみ》の北条氏康《ほうじょううじやす》といった同時代の英雄たちと同盟を結び、三河《みかわ》の松平氏《まつだいらし》を吸収して、当時最も天下に近い男と恐れられていた。しかし、尾張《おわり》を攻めた際に織田信長《おだのぶなが》の奇襲に敗死し、それをきっかけに今川氏も没落してしまった。

越後

上《うえ》杉《すぎ》景《かげ》勝《かつ》

生没 1556(弘治元)～1623(元和9)
別称 中納言・卯松・長尾顕景
本拠 越後春日山城→会津若松城→出羽米沢城

上杉謙信《うえすぎけんしん》の甥。その死後、謙信の養子・景虎《かげとら》と後継者争いをして勝利し、上杉氏の当主となる。その後、豊臣秀吉《とよとみひでよし》に臣従し、豊臣政権で五大老の役職を担う。徳川家康《とくがわいえやす》にかけられた謀反の疑いが関ヶ原《せきがはら》の合戦のきっかけとなる。このときは西軍に参加し、領地を削られるも上杉氏は存続した。

越後

上《うえ》杉《すぎ》憲《のり》政《まさ》

生没 1523(大永3)～1579(天正7)
別称 関東管領・憲当
本拠 上野平井城→越後関東管領館

山内上杉家《やまのうちうえすぎけ》の当主で、関東管領《かんとうかんれい》。急速に勢力を伸ばしていく北条氏《ほうじょうし》に対抗するべく、古河公方《こがくぼう》や扇谷上杉氏《おうぎがやつうえすぎし》といった勢力を集めて連合するも、河越夜戦で北条氏康《ほうじょううじやす》に大敗する。ついには関東から越後に逃げざるを得なくなって長尾景虎《ながおかげとら》（上杉謙信）に保護され、上杉の姓と関東管領の職を譲った。

備前

宇《う》喜《き》多《た》秀《ひで》家《いえ》

生没 1573(天正元)～1655(明暦元)
別称 権中納言・備前宰相・八郎・家氏
本拠 備前岡山城

宇喜多氏は一度没落していたが、直家《なおいえ》の時代に再興した。その子・秀家は豊臣秀吉の寵愛《ちょうあい》を受けて五大老のひとりになったが、一方で家臣団の分裂が起きて優秀な家臣の多くに去られてしまう。関ヶ原では西軍に参加して敗北、島津《しまづ》・前田《まえだ》両家の懇願により命は許されたが、八丈島に流された。

尾張

お市《いち》

生没 1547(天文16?)～1583(天正11)
別称 小谷の方
本拠 近江小谷城→越前北ノ庄城

織田信長の妹。近江の浅井長政《あさいながまさ》と同盟の証として政略結婚させられるが、信長が長政との約束を破ったためにこの同盟は破れ、浅井氏は滅亡する。その後、今度は信長の重臣・柴田勝家《しばたかついえ》と結婚するが、勝家は信長死後の後継者争いの中で羽柴秀吉に攻め滅ぼされ、お市は勝家と運命をともにした。

?

大内義隆《おおうちよしたか》

生没 1507(永正4)〜1551(天文20)
別称 周防介・大内介・亀童丸
本拠 周防山口

中国地方に大きな勢力を誇った名門大内氏の当主。少弐氏《しょうにし》や尼子氏《あまごし》と戦って勢力を伸ばすが、尼子氏の月山富田城《がっさんとだじょう》を攻めて失敗したことから政治への意欲を失う。さらに家臣団内部に対立が発生したあげく、武断派《ぶだんは》の重臣・陶晴賢《すえはるかた》に謀反を起こされて自害へと追い込まれてしまう。

武蔵

太田資正《おおたすけまさ》

生没 1522(大永2)〜1591(天正19)
別称 美濃守・源五郎・**三楽斎**・**道誉**
本拠 武蔵岩槻城→常陸片野城

太田道灌の曾孫《ひまご》で、先祖譲りの名将として名高い武将である。まず扇谷上杉氏に、続いて北条氏に仕えたが、上杉謙信の小田原《おだわら》侵攻をきっかけに背く。激しく戦った末に城を追われ、その後は佐竹氏《さたけし》に仕えて再び北条氏と戦った。日本で最初に伝令用の軍用犬を使ったという逸話をもっている。

相模

太田道灌《おおたどうかん》

生没 1432(永享4)〜1486(文明18)
別称 備中守・左衛門大夫・鶴千代・持資・**資長**
本拠 武蔵江戸城

扇谷上杉氏の重臣で、戦国時代初期の名軍師として、また最初に江戸城を作った人物として（のちの江戸城とはほとんど関係がない）知られる。「道灌」は出家後の号。しかし、上杉氏内部の対立抗争に巻き込まれて暗殺され、「当方滅亡」といい残したという（扇谷上杉氏はのちに滅亡する）。

?

大谷刑部《おおたにぎょうぶ》

生没 1559(永禄2)〜1600(慶長5)
別称 刑部小輔・**吉継**・吉隆・紀之介・平馬
本拠 越前敦賀城

「刑部」は官職から来た通称。その才能を豊臣秀吉に「百万の兵を指揮させてみたい」と褒められた。石田三成《いしだみつなり》と友人で、関ヶ原の戦いでは不利を知りながら西軍に参加、裏切った小早川秀秋《こばやかわひであき》の攻撃に軍が壊滅し、自害する。病のために顔が崩れ、常に頭巾《ずきん》で顔を隠していた。

備後

大《おお》友《とも》宗《そう》麟《りん》

「宗麟」は出家後の法名だが、のちにキリシタンとなる。「二階崩れの変」と呼ばれる家督争いの末に九州の名門・大友氏の家督を継いだ。優秀な武将たちと積極的な外交によって大友氏の全盛期を築くが、耳川《みみかわ》の戦いで島津《しまづ》氏《し》に大敗した。以後、大友氏は衰退していくことになる。

生没 1530(享禄3)~1587(天正15)

別称 左衛門督・塩法師丸・五郎・新太郎・義鎮・フランシスコ

本拠 豊後大友館城→豊後臼杵城

尾張

織《お》田《だ》信《のぶ》雄《かつ》

織田信長の次男。信長の外交戦略の一環として伊勢《いせ》の名門・北畠《きたばたけ》氏《し》に養子に出される。本能寺《ほんのうじ》の変の際には安土城《あづちじょう》を焼いてしまうなど失態が目立った。羽柴秀吉《はしばひでよし》の野心に気付いて、徳川家康《とくがわいえやす》とともに秀吉と戦う。ところが信雄は秀吉と勝手に和平を結んでしまい、家康の野心を頓挫させる。

生没 1558(永禄元)~1630(寛永7)

別称 左近衛権中将・茶筅丸・北畠具豊・信意・信勝

本拠 伊勢大河内城→尾張清洲城

尾張

織《お》田《だ》信《のぶ》秀《ひで》

織田信長《のぶなが》の父。尾張《おわり》の守護代織田氏の一族だが庶流で、清洲《きよす》織田家の重臣。しかし、経済力と自らの知略によって勢力を拡大させ、主君の清洲織田本家どころか、尾張守護の斯波《しば》氏《し》をも上回るほどに力をつけた。しかし、存命中に尾張を統一することはできず、その野望は息子へと受け継がれた。

生没 1510(永正7)?~1552(天文21)

別称 弾正忠・備後守・三郎

本拠 尾張勝幡城→尾張那古野城→尾張古渡城→尾張末森城

近江

片《かた》桐《ぎり》且《かつ》元《もと》

浅井氏の滅亡後、羽柴秀吉に仕える。「賤ケ岳《しずがたけ》の七本槍」のひとりでもあり、秀頼《ひでより》の守役のひとりに選ばれるほど秀吉に信頼された。その死後も豊臣氏に仕えたが、徳川氏と豊臣《とよとみ》氏《し》のあいだを取り持とうとしたことが仇《あだ》になって大坂城《おおざかじょう》を追い出される。結局、大坂の陣では徳川氏に味方した。

生没 1556(弘治2)~1615(元和元年)

別称 東市正・助作・豊臣且元

本拠 摂津茨木城→大和竜田城

出羽

片倉小十郎《かたくらこじゅうろう》

「小十郎」は通称で、片倉家が代々その名を名乗った。伊達政宗《だてまさむね》の教育役を務め、重臣として補佐をした。豊臣秀吉への臣従やその際の政宗の振る舞いについてアドバイスをしたのも小十郎だとされている。豊臣秀吉・徳川家康のそれぞれから誘いをかけられるが、断って政宗に仕え続けた。

生没 1557（弘治3）～1615（元和元）
別称 備中守・景綱
本拠 陸奥大森城→陸奥亘理城→陸奥白石城

近江

蒲生氏郷《がもううじさと》

蒲生賢秀《がもうかたひで》の子。父が織田信長に仕えたことから人質となったが、その才を信長に見込まれる。以後、信長と秀吉のもとで武功をあげる。のちに会《あい》津若松《づわかまつ》の大名となるが、一説によるとこれは氏郷を恐れた秀吉による左遷ともいう。その後、病没。死に方が異常だったために毒殺説もある。

生没 1556（弘治2）～1595（文禄4）
別称 侍従・鶴千代・忠三郎・賦秀・レオン
本拠 近江日野城→伊勢亀山城→伊勢松ケ島城→会津黒川城（若松城）

近江

蒲生賢秀《がもうかたひで》

六角氏《ろっかくし》に仕えていたが、主が織田信長によって滅ぼされると以後は信長に仕える。清廉潔白な性格であり、信長も信頼して安土城《あづちじょう》の留守居《るすい》を命じた。実際、本能寺《ほんのうじ》の変の際には信長の妻子を守り、明智光秀《あけちみつひで》に法外な褒美と引き替えに誘われても決して首を縦に振らなかったという。

生没 1514（天文3）～1584（天正12）
別称 左兵衛大夫
本拠 近江日野城

播磨

黒田長政《くろだながまさ》

黒田官兵衛《くろなかんべえ》の子。豊臣秀吉の下で様々な戦いで活躍し、朝鮮出兵にも参加している。関ケ原《せきがはら》の戦いの際には徳川家康と通じ、西軍の切り崩し工作をして東軍の勝利に大きく貢献《こうけん》した。ところが、九州で野望を燃やしていた父にとってはその活躍がかえって妨害となり、手ひどく叱られたという。

生没 1568（永禄11）～1623（元和9）
別称 甲斐守・筑前守・松寿・吉兵衛
本拠 備前中津城→備前福岡城

伊予

河《こう》野《の》通《みち》直《なお》

伊予《いよ》の戦国大名・河野氏の当主。毛利《もうり》氏の強い支援を受けながらなんとか勢力を保とうとするが、長宗我部《ちょうそかべ》氏の侵攻や内部の問題に苦しめられ続けた。豊臣秀吉《とよとみひでよし》の四国征伐に降伏したことで河野氏は滅亡し、通直は新たな伊予の大名となった小早川隆景《こばやかわたかかげ》に保護されることとなった。

生没 1564(永禄7)～1587(天正15)
別称 伊予守
本拠 伊予湯築城

摂津

小《こ》西《にし》行《ゆき》長《なが》

堺《さかい》の商人の子で、まず宇喜多直家《うきたなおいえ》に、続いて豊臣秀吉に仕えて水軍を率いた。文禄《ぶんろく》の役では明《みん》との交渉を担当するも、不調に終わった。その後、関ヶ原《せきがはら》の戦いで西軍に参加し、敗北して処刑される。その際、熱心な切支丹《きりしたん》だったために切腹を拒否した（自殺が禁止されている）という。

生没 1555(弘治元)?～1600(慶長5)
別称 摂津守・弥九郎・アウグスティヌス
本拠 肥後宇土城

紀伊

雑《さい》賀《が》孫《まご》市《いち》

鉄砲を得意とした傭兵《ようへい》集団・雑賀衆《さいがしゅう》の頭領。非常に謎が多く、正体とされる人物が複数挙げられている。石山戦争の頃に活躍し、関ヶ原の戦いに参加し、のちに水戸藩に仕えるなど、活躍した時期が非常に長いことから、複数の人物がこの名前を名乗ったのではないかとされている。

生没 ?
別称 鈴木孫一
本拠 紀伊雑賀?

?

斎《さい》藤《とう》道《どう》三《さん》

「道三」は号。父との二代がかりで美濃《みの》の戦国大名に成り上がった武将。一介の油売りから美濃一国の主にまで成り上がったという伝説は、道三と父の業績を合わせたものとされる。息子の義龍《よしたつ》との確執の末に戦いに敗れ、討ち死にしてしまう。織田信長《おだのぶなが》を高く評価していた。

生没 1494(明応3)～1556(弘治2)
別称 山城守・利政・規秀・秀龍・長井新九郎
本拠 美濃稲葉山城→美濃鷺山城

美濃

斎藤利三《さいとうとしみつ》

最初は斎藤義龍《さいとうよしたつ》に、続いて美濃三人衆のひとり・稲葉一鉄《いなばいってつ》に仕えたが喧嘩別れし、縁者である明智光秀《あけちみつひで》の家老となった。本能寺《ほんのうじ》の変にも参加して（利三はこの行動に反対したともいう）山崎の合戦に敗れ、処刑される。娘の福《ふく》はのちの徳川家光《とくがわいえみつ》の乳母、春日局《かすがのつぼね》である。

生没 1534（天文3）～1582（天正10）
別称 内蔵助・内蔵介
本拠 丹波亀山城

尾張

佐久間盛政《さくまもりまさ》

織田信長の家臣で、その勇猛さから「鬼玄蕃《おにげんば》」と称えられた猛将。柴田勝家《しばたかついえ》らとともに北陸の一《いっ》向一揆《こういっき》平定に活躍した。しかし、勝家と秀吉との決戦である賤ヶ岳《しずがたけ》の戦いにおいて、退《ひ》き際を誤って柴田軍崩壊のきっかけを作ってしまう。戦後捕らえられ、降伏を拒否したために処刑された。

生没 1554（天文23）～1583（天正11）
別称 修理亮・**玄蕃允**・理助
本拠 加賀金沢城→加賀尾山城

常陸

佐竹義重《さたけよししげ》

常陸《ひたち》守護佐竹氏の当主。北条氏《ほうじょうし》・蘆名氏《あしなし》・そして伊達氏《だてし》といった有力大名たちを相手に渡り合って勢力を拡大し、佐竹氏の全盛期を築くが、摺上《すりあげ》原《はら》の戦いで伊達《だて》政宗《まさむね》に大敗してしまう。ここで一旦危機に陥るが、豊臣秀吉と懇意にしていたことから佐竹氏を存続させることに成功する。

生没 1547（天文16）～1612（慶長17）
別称 常陸介・徳寿丸・次郎
本拠 常陸太田城

尾張

佐々成政《さっさなりまさ》

織田信長の家臣。鉄砲の扱いに優れ、姉川《あねがわ》の戦いや長篠《ながしの》の戦いなどで鉄砲隊を指揮しておおいに活躍した。信長の死後は秀吉を嫌っていたことから対立するも、孤立したために降伏。のちに九州の肥後を与えられるが、失政から国人一揆《いっき》を招き、秀吉の怒りを買って切腹を命じられる。

生没 1539（天文8）～1588（天正16）
別称 陸奥守・侍従・**内蔵助**
本拠 尾張比良城→越中富山城→肥後隈元城

安房

里見義堯《さとみよしたか》

房総《ぼうそう》地方を支配した戦国大名。内紛を利用して里見氏の当主となり、以後は関東の覇権をかけて北条氏《ほうじょうし》と戦い続けた。勢力的には大きく劣りながら、里見氏が北条氏の侵攻に耐え続けられたのは義堯の知略によるものであり、その死後に里見氏は衰退していくことになるのだった。

生没 1507(永正4)~1574(天正2)
別称 権七郎
本拠 上総久留里城

信濃

真田昌幸《さなだまさゆき》

最初は武田氏《たけだし》の家臣として、その滅亡後は独立大名として恐れられた知謀の将。信玄《しんげん》は昌幸のことを「我が目」と呼んだという。関ケ原《せきがはら》の戦いにおいて徳川秀忠《とくがわひでただ》の率いる大軍を上田城《うえだじょう》に引きつけ、城を落とされなかったことで知られる。のち、次男の幸村《ゆきむら》とともに九度山《くどやま》に幽閉され、そこで死んだ。

生没 1547(天文16)~1611(慶長16)
別称 安房守・源五郎・**武藤喜兵衛**
本拠 信濃岩櫃城→信濃砥石(戸石)城→上野沼田城→信濃上田城

摂津

下間頼廉《しもづまらいれん》

石山本願寺《いしやまほんがんじ》の僧で、顕如《けんにょ》に仕えた。軍事面・政治面で活躍する中心人物であった。本願寺が降伏して石山戦争が終結すると、各地で抵抗を続ける一向一揆《いっこういっき》を説得して無駄な血が流れないように活動した。その後、一向宗《いっこうしゅう》の軍事力を貸して欲しいという申し出が何度かあったが、断り続けたという。

生没 1537(天文6)~1626(寛永3)
別称 刑部卿法眼
本拠 石山本願寺

摂津

千利休《せんのりきゅう》

堺《さかい》出身の茶人。最初は信長《のぶなが》に、続いて秀吉《ひでよし》に重用された天下第一の茶人で、「茶聖」とも呼ばれる。京《きょう》・大徳寺《だいとくじ》山門に自身の木像を設置したことを秀吉にとがめられ、切腹させられてしまう。しかし、利休の創始した「侘《わ》び茶」はその死後も、そして現在にいたるまで伝わっている。

生没 1522(大永2)~1591(天正19)
別称 与四郎・**宗易**・抛筌斎
本拠 摂津堺

駿河

太原雪斎《たいげんせっさい》

今川義元《いまがわよしもと》の教育係で、のちに義元が当主となるとその軍師として活躍した。軍事面では織田氏《おだし》との戦いで戦功をあげ、外交面では甲相駿《こうそうすん》三国同盟を実現させるなど、その功績は非常に大きい。また、人質時代の徳川家康《とくがわいえやす》に教育を施し、その人格に大きな影響を与えたともされている。

生没 1496（明応5）～1555（弘治元）
別称 崇孚・九英承菊
本拠 駿河

筑前

高橋紹運《たかはししょううん》

立花道雪《たちばなどうせつ》の盟友で、武勇も匹敵するとされ、ともに大友氏《おおともし》を支えた武将。道雪の要請で嫡男（のちの立花宗茂《たちばなむねしげ》）を婿養子に出す。道雪の死後は大友氏を守って島津氏《しまづし》と死闘を繰り広げ、自軍も玉砕する代わりに島津軍に多大な被害を与えて撤退させる、壮絶な最期を遂げた。

生没 1548（天文17）～1586（天正14）
別称 三河守・吉弘鎮種
本拠 筑前岩屋城

摂津

高山右近《たかやまうこん》

織田信長《おだのぶなが》や豊臣秀吉《とよとみひでよし》に仕えたキリシタン大名。賤ヶ岳《しずがたけ》の戦いや四国・九州征伐で軍功をあげたが、秀吉のキリスト教禁令を無視したために所領を没収される。その後は他の大名に仕えながらキリスト教布教に努めるが、徳川家康が再び禁教令を出したため国外に追放され、そこで病死した。

生没 1553（天文22）～1615（慶長20）
別称 友祥・長房・重友・彦五郎・ジュスト
本拠 摂津高槻城→播磨明石

甲斐

武田勝頼《たけだかつより》

武田信玄《たけだしんげん》の四男。父が病死すると武田氏の当主となるが、織田《おだ》・徳川《とくがわ》連合軍の前に苦戦を余儀なくされた。とくに、長篠《ながしの》の戦いにおいては織田の鉄砲隊の前に大打撃を受けている。その後も家臣団の内部分裂もあって追いつめられ、ついには自決、武田氏を滅ぼすことになる。

生没 1546（天文15）～1582（天正10）
別称 伊奈四郎勝頼
本拠 信濃高遠城→甲斐躑躅ヶ崎館→甲斐新府城

甲斐

武《たけ》田《だ》信《のぶ》虎《とら》

生没 1494(明応3)～1574(天正2)
別称 左京大夫・陸奥守・五郎・川田五郎・信直
本拠 甲斐石和城→甲斐躑躅ヶ崎館

武田信玄の父。武田氏内部の内乱を鎮圧し、さらに他勢力も打倒して甲《か》斐《い》を統一する。外征にも熱心で、相模《さがみ》の北条氏《ほうじょうし》・駿河《するが》の今川氏《いまがわし》・信濃《しなの》の諏《す》訪《わ》氏《し》らと何度も戦った。しかし、無理がたたって内部に不満分子を抱え、不仲だった息子によって追放され、今川氏を頼ることになる。

?

竹《たけ》中《なか》半《はん》兵《べ》衛《え》

生没 1544(天文13)～1579(天正7)
別称 重治、重虎
本拠 美濃菩提山城

黒田官兵衛《くろだかんべえ》とともに「秀吉《ひでよし》の両兵衛《りょうべえ》」と称えられた軍師で本名は重治、「半兵衛」は通称。もともとは美濃《みの》の斎藤氏《さいとうし》に仕え、織田軍を追いつめる活躍を見せたというが、主君の斎藤龍興《さいとうたつおき》をいさめるために、わずかな手勢で稲葉山城《いなばやまじょう》を乗っとってしまう。のちに秀吉を支えて活躍するが病死した。

豊後

立《たち》花《ばな》道《どう》雪《せつ》

生没 1516(永正13)～1585(天正13)
別称 八幡丸・孫次郎・守親・戸次鑑連
本拠 豊後鎧岳城→筑前立花城

大友宗麟《おおともそうりん》に仕えた武将で、名軍師として知られる。大友氏の最盛期と、その後の没落時代を支え続けた忠義の武将でもある。「立花道雪」は、名門立花氏を継いで、さらに出家したあとの名前。落雷を受けて下半身の自由を失ったが、戦場では輿《こし》に乗って指揮をしたという。

筑前

立《たち》花《ばな》宗《むね》茂《しげ》

生没 1569(永禄12)～1642(寛永19)
別称 左近将監・侍従・千熊丸
本拠 筑前宝満城(支城岩屋城)→筑後柳川城→筑前立花城

立花道雪の娘で一時は立花の家督を継いだ誾千《ぎんち》代《よ》の婿として、立花家を継いだ武将。九州征伐時の活躍などを豊臣秀吉《とよとみひでよし》に評価されて大名となる。関ヶ原《せきがはら》の戦いでは西軍につき、そのせいで一度は取り潰されるも、のちに再び大名に戻った。養父にも劣らぬ名将と評価されている。

出羽

伊達成実《だてしげざね》

伊達政宗《だてまさむね》の従兄《いとこ》で、伊達家中随一の猛将として活躍する。その武勇は「智の片倉景綱《かたくらかげつな》・武の伊達成実」と称えられたという。しかし、朝鮮出兵の際の恩賞の不満から突如出奔し、このときに家臣を殺されるという悲劇も起きた。のちに復帰し、以後は重臣として再び政宗に仕えた。

生没 1568（永禄11）～1646（正保3）
別称 時宗丸・藤五郎
本拠 信夫郡八丁目城→二本松城→伊賀郡角田城→陸奥亘理城

出羽

伊達稙宗《だてたねむね》

伊達政宗の曽祖父。戦国大名としての伊達氏の基礎を築きあげた人物で、養子・婚姻《こんいん》政策を駆使して伊達氏の勢力を急速に拡大させていった。しかし、その政策のせいで息子の晴宗《はるむね》と対立し、「天文《てんぶん》の乱」という内乱を起こしてしまう。この争いの影響は後々まで残ることとなった。

生没 1488（長享2）～1565（永禄8）
別称 左京大夫・次郎
本拠 陸奥深川城→陸奥桑折西山城

出羽

伊達晴宗《だてはるむね》

伊達政宗の祖父。父・稙宗の養子政策に反発して「天文の乱」を起こし、長く戦った末に伊達氏の実権を手に入れる。しかし、皮肉なことに今度は自分が息子の輝宗《てるむね》と対立するようになってしまい、自らが隠居することによって、内乱が具体的な形になる前に事態を収拾した。

生没 1519（永正16）～1577（天正5）
別称 左京大夫・奥州探題・次郎
本拠 出羽米沢城

大和

筒井順慶《つついじゅんけい》

大和《やまと》の国を統一した筒井順昭《つついじゅんしょう》の子。しかし、まだ幼いうちに父は死んでしまい、松永久秀《まつながひさひで》によって順慶は大和を追われる。のちに明智光秀《あけちみつひで》の口利きによって信長《のぶなが》に接近、旧領を回復する。織田《おだ》政権下では光秀の下にいたが、本能寺《ほんのうじ》の変では状況を見て羽柴秀吉《はしばひでよし》につき、領地を守った。

生没 1549（天文18）～1584（天正12）
別称 藤勝・藤政・陽舜坊
本拠 大和筒井城→大和郡山城

近江

藤《とう》堂《どう》高《たか》虎《とら》

生没 1556（弘治2）～1630（寛永7）
別称 和泉守・与吉・与右衛門
本拠 伊予板島城→伊予今治城→伊勢安野津城

浅井長政《あさいながまさ》に始まって徳川家康《とくがわいえやす》にいたるまで主君をコロコロと替え、なんと生涯で七人もの主に仕えたという稀代《きだい》の謀将。その度に領地が増えていくのだから、代々の主人はその能力を認めたということである。関ヶ原《せきがはら》の合戦では西軍諸将の寝返り工作を担当し、東軍の勝利に貢献する。

遠江

徳《とく》川《がわ》秀《ひで》忠《ただ》

生没 1579（天正7）～1632（寛永9）
別称 征夷大将軍・長松・竹千代
本拠 武蔵江戸城

徳川家康の三男で、江戸幕府二代将軍。将軍となったあとも家康が実権を握り続けたことなどから、父に忠実な律儀者という評価をされる。軍事的な才能には恵まれなかったようで、唯一の実戦といえる関ヶ原の戦いでは真田氏《さなだし》の足止めを受けて戦場にたどり着けないという失態を演じている。

尾張

豊《とよ》臣《とみ》秀《ひで》次《つぐ》

生没 1568（永禄12）～1595（文禄4）
別称 関白・小一郎・孫七郎・三好信吉・三好秀次・羽柴秀次
本拠 尾張清洲城→摂津聚楽第

豊臣秀吉《とよとみひでよし》の甥で、関白《かんぱく》。養子として後継者にも選ばれた。小牧《こまき》・長久手《ながくて》の戦いでの失態が有名だが、その他の戦いでは武功をあげていることから武将としては優秀だったようだ。しかし、秀頼《ひでより》の誕生によって後継者の座があやうくなると秀吉との関係が悪化し、ついには粛清《しゆくせい》される。

越後

直《なお》江《え》兼《かね》続《つぐ》

生没 1560（永禄3）～1619（元和5）
別称 山城守・樋口与六・重光
本拠 越後与板城→出羽米沢城

上杉景勝《うえすぎかげかつ》に家老として仕えた武将。才覚豊かだったことから豊臣秀吉に寵愛され、また石田三成《いしだみつなり》とは親交が深かったという。関ヶ原の戦いの際には東軍についた最上氏《もがみし》を攻撃するが、西軍が敗れたために長谷堂《はせどう》の撤退戦と呼ばれる激烈《げきれつ》な戦いを切り抜けなくてはならなかった。

越後

長《なが》尾《お》為《ため》景《かげ》

上杉謙信《うえすぎけんしん》の父で、越後《えちご》守護代。守護の上杉氏《うえすぎし》を倒して下克上《げこくじょう》を果たすが、国内の国人たちや関東の上杉氏との戦いに奔走した。とくに関東管領《かんとうかんれい》上杉顕定《うえすぎあきさだ》との戦いでは、一度は佐渡《さど》に逃げざるをえないほどまでに苦戦するも、逆襲して顕定を敗死させ、越後を取り戻している。

生没 1471(文明3)～1542(天文11)
別称 信濃守・六郎・弾正左右衛門
本拠 越後春日山城

肥前

鍋《なべ》島《しま》直《なお》茂《しげ》

龍造寺隆信《りゅうぞうじたかのぶ》を支えた義兄弟で名軍師。今山《いまやま》の戦いにおいては、大友氏《おおともし》の大軍を奇襲で破っている。沖田畷《おきたなわて》の戦いで隆信が戦死するのは止められなかったが、以後も龍造寺氏を守り続ける。だが、皮肉なことにそのことが家中での彼の評価を高め、ついには直茂が龍造寺氏の家督を継いだ。

生没 1538(天文7)～1618(元和4)
別称 加賀守・孫四郎・彦法師丸
本拠 筑前酒見城→肥前諫早城→肥前佐賀城

陸奥

南《なん》部《ぶ》晴《はる》政《まさ》

陸奥《むつ》の戦国大名・南部氏の当主。内乱や謀反に悩まされ、またときには外敵に敗れたりしながらも勢力を拡大し、南部氏の最盛期を築いた。その領地の広さは「三日月の丸くなるまで南部領」という言葉からわかるだろう。また、織田信長《おだのぶなが》と通じるなど、外交的にも積極的に動いていた。

生没 1517(永正14)～1582(天正10)
別称 不明
本拠 陸奥三戸城

尾張

ねね

豊臣秀吉の正室。まだ貧しかった足軽の時代から出世していく夫を支え続けた、戦国時代を代表する賢妻である。秀吉の死後は豊臣氏の主導権が淀殿《よどどの》に移ってしまったために豊臣氏から離れた。そして、豊臣家滅亡後も幕府の庇護の下、静かな余生を送るのだった。

生没 1542(天文11)?～1624(寛永元)
別称 **おねね**・寧子・吉子・高台院湖月尼・**北政所**
本拠 山城京高大寺

尾張

蜂須賀正勝《はちすかまさかつ》

もとは木曽川《きそがわ》筋を支配する水運業の元締《もとじ》めで、まずは信長《のぶなが》に仕え、続いて秀吉《ひでよし》に仕えた。若い頃の秀吉が彼に仕えていたという話、墨俣《すのまた》一夜城建築のために秀吉が会いに行ったなどという話が有名だが、これらは後世の創作であるようだ。中国地方侵攻の際に、調略を駆使して活躍している。

生没 1526(大永6)~1586(天正14)
別称 小六、彦右衛門
本拠 播磨龍野城

三河

服部半蔵《はっとりはんぞう》(正成《まさなり》)

「服部半蔵」は代々受け継がれる通称。徳川家康《とくがわいえやす》の家臣で、伊賀《いが》出身であることなどから、忍者集団である伊賀同心の統率を任せられていた。そのために自身も忍者のように思われることが多いが、本人は「鬼の半蔵」の名で恐れられた猛将であり、忍者だったかどうかは不明である。

生没 1542(天文11)~1596(慶長元)
別称 石見守・半三
本拠 三河→武蔵江戸

?

風魔小太郎《ふうまこたろう》

百年に渡って北条氏《ほうじょうし》に仕えた、風魔一党の当主が代々受け継いだ名前。騎馬を使った攪乱《かくらん》戦術を得意としたことから、海外から流入した騎馬民族の子孫ではないかともいう。北条氏の滅亡後は関東を荒らす盗賊に成り下がり、幕府に捕縛されて処刑されたと伝わっている。

生没 ?
別称 不明
本拠 相模足柄郡

他

フランシスコ・ザビエル

スペイン出身のカトリック教会(イエズス会)の宣教師。インド経由で来日し、日本に初めてキリスト教を伝えた人物である。西日本各地をまわって布教活動に励んだのち中国に向かったが、そこで病に倒れた。日本人を「今まで出会った異教徒の中でもっとも優れた国民」と見ていた。

生没 1506(永正3)~1552(天文21)
別称 ハビエル・サビエル・サベリヨ
本拠 諸国で布教

相模

北条氏康《ほうじょううじやす》

北条氏の三代目で、「相模《さがみ》の獅子《しし》」の名で恐れられた大名。山内上杉《やまのうちうえすぎ》・扇谷上杉《おうぎがやつうえすぎ》・古河公方《こがくぼう》らの連合軍を河越夜戦《かわごえやせん》で打ち破り、北条氏の関東支配を確実なものとした。また、武田信玄《たけだしんげん》・今川義《いまがわよし》元《もと》・上杉謙信《うえすぎけんしん》といった同時代の英雄たちとときには戦い、ときには交渉をして渡り合った。

生没 1515(永正12)~1571(元亀2)
別称 相模守・左京大夫・伊豆千代・新九郎・太清軒
本拠 相模小田原城

相模

北条幻庵《ほうじょうげんあん》

「幻庵」は隠居後の号。北条早雲《ほうじょうそううん》の三男。当時としては驚異的な長生き(九十七歳まで)で、北条氏の長老的な存在だった。馬術・弓術といった武勇に優れると同時に文化人的な側面を持ち、一軍を率いて武将としても戦ったという。北条氏が滅亡するのは、幻庵が死んでまもなくのことだった。

生没 1493(明応2)~1589(天正17)
別称 箱根権現別当・菊寿丸・長綱・幻庵宗哲
本拠 相模小田原城

遠江

北条綱成《ほうじょうつなしげ》

北条氏家臣。北条氏綱《ほうじょううじつな》に気に入られて北条の姓を与えられ、武将として活躍した。とくに、河越夜戦においては半年あまり敵の攻撃に耐え抜いて、勝利に繋がる活躍をした。月に一度八幡大菩《はちまんだいぼ》薩《さつ》に戦勝を祈願し、合戦になると朽葉色《くちばいろ》に染めた旗を用いたことから『地黄八幡《じおうはちまん》』と称《たた》えられた。

生没 1515(永正12)~1587(天正15)
別称 左衛門大夫・勝千代・孫九郎・道感・福島綱成
本拠 武蔵河越城→相模玉縄城

?

細川藤孝《ほそかわふじたか》

足利義昭《あしかがよしあき》ら室町将軍たちに仕えたのち、織田信《おだのぶ》長《なが》・豊臣秀吉《とよとみひでよし》・徳川家康と三人の天下人にそれぞれ仕えた。明智光秀《あけちみつひで》とも親しかったが、本能寺《ほんのうじ》の変の際には協力せずに信長の死を悼んだ。また、優れた文化人としても知られ、とくに和歌の道では古今伝授《こきんでんじゅ》という特別な知識の伝承者でもあった。

生没 1534(天文3)~1610(慶長15)
別称 兵部大輔・幽斎・万吉・与一郎・玄旨
本拠 山城勝竜寺城→丹後宮津城→丹後田辺城→山城城

三河

本多忠勝《ほんだただかつ》

徳川家康《とくがわいえやす》の家臣で、優れた武勇で知られて「家康にすぎたるもの」とまで謳《うた》われた武将。刃に止まった蜻蛉《とんぼ》がそのまま斬れてしまったことから「蜻蛉切《とんぼきり》」と名づけられた名槍を愛用した。家康を支えて長く戦い続けたが、関ヶ原《せきがはら》の戦い後は中央を離れて領地経営に専念した。

生没 1548（天文17）～1610（慶長15）
別称 中務大輔・鍋之助・平八郎
本拠 上総大多喜城→伊勢桑名城

三河

本多正信《ほんだまさのぶ》

徳川家康の無二の親友にして、稀代の謀略家・行政官僚。しかし、熱心な一向宗門徒《いっこうしゅうもんと》だったために、一度家康に反旗を翻《ひるがえ》し、長く放浪したのちに帰還するという数奇な運命をたどる。振るう権力は大きかったが生活は質素で、立身出世を望んではならないと息子の正純《まさずみ》にいい聞かした。

生没 1538（天文7）～1616（元和2）
別称 佐渡守・弥八郎・正保・正行
本拠 相模玉縄城

尾張

前田慶次郎《まえだけいじろう》

前田利家《まえだとしいえ》の兄・前田利久《まえだとしひさ》の養子で、傾奇者《かぶきもの》として有名。利久が織田信長《おだのぶなが》の命によって利家に家督を譲らされると、父とともに諸国を放浪した。その後、利家のもとに帰還するが、またしても出奔。京に滞在したのちに上杉氏《うえすぎし》に仕え、関ヶ原《せきがはら》の戦いのときには最上《もがみ》勢相手におおいに活躍した。

生没 1541（天文10）？～1612（慶長17）？
別称 宗兵衛・利益・一夢庵
本拠 越中阿尾城→山城京→出羽米沢

？

松永久秀《まつながひさひで》

三好長慶《みよしながよし》の家臣だったが、次第に主を超える権力を蓄えていく。長慶の死後にはその傾向はさらに強まり、さらに三好氏《みよしし》の有力者である三好三人衆と組んで足利義輝《あしかがよしてる》を自害に追い込んだ。信長《のぶなが》の上洛《じょうらく》後は臣従したり逆らったりを繰り返したのち、最期は自分の居城ごと爆死して果てた。

生没 1510（永正7）～1577（天正5）
別称 弾正忠・山城守
本拠 大和多聞山城→大和信貴山城

阿波

三《み》好《よし》長《なが》慶《よし》

生没 1522（大永2）～1564（永禄7）
別称 修理大夫・千熊丸・孫次郎
本拠 摂津越水城→摂津芥川城→河内飯盛城

管領《かんれい》・細川晴元《ほそかわはるもと》に仕えていたが、父が晴元に謀殺されていたことなどもあって対立するようになり、ついにときの将軍・足利義輝《あしかがよしてる》とともに京より放逐する。こうして畿内を支配下におくが、一族に不幸が続くと気力が尽きて、家臣の松永久秀が台頭する原因を作った。

伊予

村《むら》上《かみ》武《たけ》吉《よし》

生没 1533（天文2）？～1604（慶長9）
別称 小輔太郎
本拠 伊予能島城→安芸竹原珍海山城

能島《のしま》・来島《くるしま》・因島《いんのしま》の三島に分かれた村上水軍《むらかみすいぐん》のひとつ、能島村上水軍の当主。厳島《いつくしま》の戦いに際して毛利元就《もうりもとなり》と手を組み、以後は毛利氏の水軍として活躍する。しかし、毛利氏が九州侵攻に失敗すると他家とも通じ、さらに元就が死んだときには一時期見限るなど、計算高いところも見せた。

出羽

最《も》上《がみ》義《よし》光《あき》

生没 1546（天文15）～1614（慶長19）
別称 白寿丸・源五郎・二郎太郎
本拠 出羽山形城

出羽《でわ》の戦国大名・最上氏の当主。伊達政宗《だてまさむね》の母・義姫《よしひめ》は妹である。熾烈な家督争いの末（後世の創作とも）に当主となると、一族を掌握して外敵とも戦う。関ヶ原の戦いで東軍に味方した功績から、最上氏は江戸時代にも生き延びたが、次男を偏愛したことから後継者騒動を起こしてしまう。

出雲

山《やま》中《なか》鹿《しか》之《の》介《すけ》

生没 1545（天文14）～1578（天正5）
別称 甚次郎・幸盛・鹿之助・鹿介
本拠 伯耆末石城→因幡稲葉若桜鬼ヶ城→播磨上月城

「鹿之助」は誤った俗称。尼子《あまご》氏家臣で、主家が毛利氏に滅ぼされたあと再興を目指した不屈と忠義の武将。織田信長《おだのぶなが》を頼って毛利氏と幾度となく戦ったが、ついに勝利することはなかった。伝説では、三日月に向かって「願わくば、われに七難八苦を与えたまえ」と祈った、という。

付録

遠江

結城《ゆうき》秀康《ひでやす》

生没 1574(天正2)〜1607(慶長12)
別称 三河守・権中納言・於義伊・於義丸・**羽柴秀康**
本拠 下総結城城→越前北ノ庄城

徳川家康《とくがわいえやす》の次男。父からは疎《うと》まれ、秀吉《ひでよし》の養子になり、さらに下総《しもうさ》の名門結城氏の婿養子となる。武勇に優れた人物であり、諸大名からも、また徳川家臣団の武将たちからも高く評価されていた。関ヶ原《せきがはら》の戦いの際には上杉氏《うえすぎし》が南下してきた場合の押えとして残された。

肥前

龍造寺隆信《りゅうぞうじたかのぶ》

生没 1529(享禄2)〜1584(天正12)
別称 円月坊・胤信
本拠 肥前佐賀城

肥前《ひぜん》の戦国大名・龍造寺氏の全盛期を築いた人物。決断力に優れ、「肥前の熊」の異名をとった。行動派の隆信と義兄弟で知略に優れた鍋島直茂《なべしまなおしげ》は絶妙のコンビだったのである。しかし、その行動力が裏目に出て沖田畷《おきたなわて》の戦いで島津氏《しまづし》に敗れて死ぬ。龍造寺氏は鍋島氏に吸収されてしまう。

他

ルイス・フロイス

生没 1532(天文元)〜1597(慶長2)
別称 不明
本拠 諸国で布教

ポルトガル出身のカトリック教会(イエズス会)の宣教師。織田信長《おだのぶなが》と出会い、その許可のもとで布教活動に勤《いそ》しんだ。信長は新しい物を喜んだため、フロイスを厚遇したのである。また、イエズス会の指示で日本における布教史を記した『日本史』の執筆を始め、没するまで書き続けた。

近江

六角義賢《ろっかくよしかた》

生没 1521(大永元)〜1598(慶長3)
別称 弾正少弼・右衛門督・左京大夫・四郎・抜関斎・**承禎**
本拠 近江観音寺城

近江《おうみ》の名門・六角氏の当主。上洛《じょうらく》を目指す織田信長の前に立ちふさがるがあえなく敗れる。その後、足利義昭《あしかがよしあき》が信長包囲網を呼びかけると、鉄砲の使い手を雇って信長を狙撃させるなど、ゲリラ戦術的に信長と戦う。しかし、結局は衰退する一族を立て直せず、滅ぼされてしまう。

主要参考資料

戦国時代―16世紀、日本はどう変わったのか― 上下	永原慶二／著	小学館
日本の歴史 13 室町幕府	佐々木銀弥	小学館
日本の歴史 14 戦国の動乱	永原慶二	小学館
日本の歴史 15 織田・豊臣政権	藤木久志	小学館
戦国うら史談	山本律郎／著	新人物往来社
鉄砲隊と騎馬軍団	鈴木真哉／著	洋泉社
戦国[illegible]	今谷 明／著	岩波書店
戦国合戦大全 上下	歴史群像編集部／編	学習研究社
戦国武将合戦事典	峰岸純夫／編 片桐昭彦／編	吉川弘文館
考証戦国武家事典	稲垣史生／著	新人物往来社
戦国武心伝	歴史群像編集部／編	学習研究社
朝日百科 日本の歴史 6		朝日新聞社
武器と防具 日本編	戸田藤成／著	新紀元社
図解「武器」の日本史	戸部民夫／著	ベストセラーズ
戦国武将ガイド	米沢二郎／共著 小山内新／共著	新紀元社
よみがえる中世 6	水藤 真 他／編	平凡社
戦国の城―目で見る築城と戦略の全貌 1～4	西ケ谷恭弘／著	学研
クトゥルフ神話TRPG比叡山炎上 Call of Cthulhu	朱鷺田祐介／著	エンターブレイン

な

は

ま

た

さくいん

あ

徹底図解　戦国時代

著　　者　榎本　　秋
発 行 者　富　永　靖　弘
印 刷 所　公和印刷株式会社

発行所　東京都台東区 台東4丁目7　株式会社　新星出版社
〒110-0016　☎03(3831)0743　振替00140-1-72233
URL　http://www.shin-sei.co.jp/

ISBN978-4-405-10658-1